Temario Auxiliares Administrativos-POSI

Adenda

ADAMS Ayuntamiento de Madrid

AD/C2/DG/10-41

Anagrama «LUCHA CONTRA LA PIRATERÍA», propiedad de Unión Internacional de Escritores.

© Centro de Estudios Adams   **www.adams.es**

ISBN: 978-84-1077-179-6
Depósito legal: M-23295-2024
Editado en octubre de 2024
Imprime: Centro de Estudios Adams. Ediciones Valbuena, S.A.
Impreso en España. Printed in Spain

PRESENTACIÓN

Presentamos en esta edición la Adenda necesaria para la preparación a las pruebas selectivas de acceso a la categoría de **Personal de Oficios Servicios Internos del Ayuntamiento de Madrid.** Desarrolla los temas del programa oficial solicitado en la **Resolución de 23 de agosto de 2024** (BOAM 27 de agosto de 2024) necesarios. Completa las ediciones de los Temarios y Cuestionarios editadas de manera específica para la categoría de **Auxiliares Administrativos.**

En las siguientes páginas se incluyen:

— El **programa oficial** de la convocatoria.

— La **tabla de concordancia** en la que se indica la equivalencia entre los temas del programa oficial de POSI y los de Auxiliares Administrativos del Ayuntamiento de Madrid.

— Los **temas y epígrafes específicos** para Personal de Oficios Servicios Internos.

En nuestra página web (**www.adams.es**) podrás estar al día en cuanto a información sobre oposiciones, productos y servicios se refiere. Además, a través de **adams@adams.es** tendrá la posibilidad de dirigirnos cualquier consulta o sugerencia.

Por último, en la página web del Ayuntamiento de Madrid (**www.madrid.es**), encontrarás información relativa a los procesos selectivos en curso y conocer cuantos cambios se produzcan.

Esperando haber cumplido el objetivo propuesto, te expresamos nuestros mejores deseos de éxito en la tarea emprendida.

ADAMS

PROGRAMA

Tema 1.   La Constitución española de 1978: los derechos y deberes fundamentales.

Tema 2.   Ley 39/2015, de 1 de octubre del Procedimiento Administrativo Común de las Administraciones Públicas: el procedimiento administrativo: concepto y fases del procedimiento. Los recursos administrativos: principios generales y tipos. La Ley 22/2006 de Capitalidad y Régimen Especial de Madrid de 4 de julio de 2006: Gobierno y Administración Municipal.

Tema 3.   El Reglamento Orgánico del Gobierno y de la Administración del Ayuntamiento de Madrid: La organización Central: Número y denominación de las actuales Áreas de gobierno. Ubicación física de sus dependencias (Secretarías Generales Técnicas). Los Distritos: estructura administrativa y ubicación física de sus principales dependencias.

Tema 4.   El personal al servicio de la Administración Pública conforme al Real Decreto Legislativo 5/2015, de 30 de octubre, por el que se aprueba el texto refundido de la Ley del Estatuto Básico del Empleado Público: clases de personal. Adquisición y pérdida de la relación de servicio. Derechos de los empleados públicos. Régimen disciplinario.

Tema 5.   Ley Orgánica 3/2007, de 22 de marzo, para la igualdad efectiva de mujeres y hombres: objeto y ámbito de la ley. El principio de igualdad y la tutela contra la discriminación. El Plan de Igualdad entre mujeres y hombres del Ayuntamiento de Madrid y sus Organismos Autónomos en vigor: ámbito municipal; estructura; objetivo general; líneas de intervención y objetivos específicos.

Tema 6.   Ley 31/1995, de 8 de noviembre de Prevención de Riesgos Laborales: delegados/as de prevención. Comités de seguridad y salud. Especial referencia a la prevención de riesgos laborales del Acuerdo Convenio en vigor sobre condiciones de trabajo comunes al personal funcionario y laboral del Ayuntamiento de Madrid y de sus Organismos Autónomos. Representación de los empleados públicos.

Tema 7.   Ordenanza de Atención a la Ciudadanía y Administración Electrónica: objeto, ámbito de aplicación y principios generales.

Tema 8.   La Ley Orgánica 3/2018, de 5 de diciembre, de Protección de Datos Personales y Garantías de los derechos digitales: objeto de la ley, deber de confidencialidad. El Código de Buenas Prácticas Administrativas del Ayuntamiento de Madrid: objeto y ámbito de aplicación.

Tema 9. La correspondencia: franqueo, depósito, entrega, recogida y distribución. Normativa para la distribución del correo interno y externo municipal. La atención al público: acogida e información.

Tema 10. Nociones básicas sobre seguridad en edificios municipales: señalización y seguridad. Planes de Emergencia y Evacuación en dependencias municipales. Nociones básicas de instalaciones eléctricas. Uso y funcionamiento de máquinas sencillas de reprografía.

TABLA DE CONCORDANCIA

Programa POSI	AUXILIARES ADMINISTRATIVOS
Tema 1. La Constitución española de 1978: los derechos y deberes fundamentales.	Epígrafes 1 a 3 del Tema 1
Tema 2. Ley 39/2015, de 1 de octubre del Procedimiento Administrativo Común de las Administraciones Públicas: el procedimiento administrativo: concepto y fases del procedimiento. Los recursos administrativos: principios generales y tipos. La Ley 22/2006 de Capitalidad y Régimen Especial de Madrid de 4 de julio de 2006: Gobierno y Administración Municipal.	Temas 3, 4 y 8.
Tema 3. El Reglamento Orgánico del Gobierno y de la Administración del Ayuntamiento de Madrid: La organización Central: Número y denominación de las actuales Áreas de gobierno. Ubicación física de sus dependencias (Secretarías Generales Técnicas). Los Distritos: estructura administrativa y ubicación física de sus principales dependencias.	Temas 11 y 12.
Tema 4. El personal al servicio de la Administración Pública conforme al Real Decreto Legislativo 5/2015, de 30 de octubre, por el que se aprueba el texto refundido de la Ley del Estatuto Básico del Empleado Público: clases de personal. Adquisición y pérdida de la relación de servicio. Derechos de los empleados públicos. Régimen disciplinario.	Tema 15 (excepto epígrafe 4)
Tema 5. Ley Orgánica 3/2007, de 22 de marzo, para la igualdad efectiva de mujeres y hombres: objeto y ámbito de la ley. El principio de igualdad y la tutela contra la discriminación. El Plan de Igualdad entre mujeres y hombres del Ayuntamiento de Madrid y sus Organismos Autónomos en vigor: ámbito municipal; estructura; objetivo general; líneas de intervención y objetivos específicos.	Tema 16

Programa POSI	Auxiliares Administrativos
Tema 6. Ley 31/1995, de 8 de noviembre de Prevención de Riesgos Laborales: delegados/as de prevención. Comités de seguridad y salud. Especial referencia a la prevención de riesgos laborales del Acuerdo Convenio en vigor sobre condiciones de trabajo comunes al personal funcionario y laboral del Ayuntamiento de Madrid y de sus Organismos Autónomos. Representación de los empleados públicos.	Tema 17
Tema 7. Ordenanza de Atención a la Ciudadanía y Administración Electrónica: objeto, ámbito de aplicación y principios generales.	Tema nuevo
Tema 8. La Ley Orgánica 3/2018, de 5 de diciembre, de Protección de Datos Personales y Garantías de los derechos digitales: objeto de la ley, deber de confidencialidad. El Código de Buenas Prácticas Administrativas del Ayuntamiento de Madrid: objeto y ámbito de aplicación.	Tema nuevo
Tema 9. La correspondencia: franqueo, depósito, entrega, recogida y distribución. Normativa para la distribución del correo interno y externo municipal. La atención al público: acogida e información.	Tema nuevo
Tema 10. Nociones básicas sobre seguridad en edificios municipales: señalización y seguridad. Planes de Emergencia y Evacuación en dependencias municipales. Nociones básicas de instalaciones eléctricas. Uso y funcionamiento de máquinas sencillas de reprografía.	Tema nuevo

Tema 7

ORDENANZA DE ATENCIÓN A LA
CIUDADANÍA Y ADMINISTRACIÓN
ELECTRÓNICA: OBJETO, ÁMBITO DE
APLICACIÓN Y PRINCIPIOS GENERALES.

Guion-resumen

1. Introducción

2. Objeto

3. Definiciones

4. Ámbito de aplicación

    4.1. Subjetivo

    4.2. Objetivo

5. Principios generales

    5.1. Principios relativos a la atención a la ciudadanía

    5.2. Principios relativos a la administración electrónica

6. Derechos de las personas

7. Deberes de las personas

1. Introducción

Por **Acuerdo del 26 de febrero de 2019** se aprueba la Ordenanza de Atención a la Ciudadanía y Administración Electrónica.

Entre los objetivos estratégicos del Ayuntamiento de Madrid destaca el de gestionar de forma racional, justa y transparente la administración local acercándola a la ciudadanía. Las relaciones con la ciudadanía constituyen una pieza fundamental dentro de la actividad del Ayuntamiento de Madrid. La información y la atención son derechos esenciales en la relación entre la administración y la ciudadanía, cuya regulación y desarrollo resulta preciso abordar mediante una norma que actualice y potencie la organización, el funcionamiento y la coordinación de los servicios administrativos que centran su trabajo en las tareas de información y atención a la ciudadanía.

El impacto de las Leyes 39/2015, de 1 de octubre, del Procedimiento Administrativo Común de las Administraciones Públicas, y 40/2015, de 1 de octubre, de Régimen Jurídico del Sector Público, especialmente la primera, obliga a adaptar la normativa municipal en materia de atención a la ciudadanía y de administración electrónica.

Asimismo, el Reglamento (UE) 2016/679 del Parlamento Europeo y del Consejo, de 27 de abril de 2016, relativo a la protección de las personas físicas en lo que respecta al tratamiento de datos personales y a la libre circulación de estos datos (Reglamento General de Protección de Datos), que obliga a adaptar todos los procedimientos en los que se tratan datos de carácter personal, se ha tenido en consideración en la redacción de esta ordenanza.

Desde el punto de vista de la ciudadanía, se reconocen una serie de derechos de las personas, el más importante de los cuales es el de elegir el cauce a través del cual se relacionan con la administración, cauce que obligatoriamente deberá ser el electrónico para el caso de las personas jurídicas y determinadas personas físicas. La simplificación administrativa, otro de los principios inspiradores de la reforma legal, se plasma fundamentalmente en la posibilidad de presentar una declaración responsable, además del derecho a no presentar ningún documento que se origine en cualquier Administración pública. Sin duda también supone una simplificación la generalización, en la medida de lo posible, del uso de los sistemas de identificación electrónica para las relaciones entre la administración y la ciudadanía, relegando la necesidad de firma a los supuestos estrictamente tasados por la ley.

La habilitación competencial para la aprobación de esta ordenanza viene dada por la necesidad de adaptación a la Ley 39/2015, de 1 de octubre, del Procedimiento Administrativo Común de las Administraciones Públicas, en concreto los artículos 9.2, 14.3, 41.1 y disposición final quinta y, a la Ley 40/2015, de 1 de octubre, de Régimen Jurídico del Sector Público, así como, por los artículos 2.2 y 20 de la Ley 22/2006, de 4 de julio, de Capitalidad y de Régimen Especial de Madrid y el artículo 4.1 a) de la Ley 7/1985, de 2 de abril, Reguladora de las Bases del Régimen Local.

En la redacción de la ordenanza, se ha tenido en cuenta lo previsto en la Guía para la utilización de un lenguaje inclusivo y no sexista, elaborada por el

Área de Gobierno de Equidad, Derechos Sociales y Empleo y la Gerencia de la Ciudad en cumplimiento del I Plan de Igualdad entre Mujeres y Hombres, de 15 de diciembre de 2016.

En cuanto a su estructura, la Ordenanza se organiza en nueve Títulos, además de las Disposiciones Adicionales (5), Transitoria (1), Derogatoria (única) y Finales (4).

El Título I aborda una serie de disposiciones generales en las que se regula el objeto y ámbito de aplicación de la ordenanza y se desarrollan en el ámbito municipal un conjunto de principios que han de informar y coadyuvar a la adecuada implantación en el Ayuntamiento de Madrid de la administración electrónica y el acceso de la ciudadanía a los servicios públicos del Ayuntamiento de Madrid. Finalmente, se recogen una serie de derechos y deberes de las ciudadanas y los ciudadanos.

2. Objeto

La ordenanza tiene por objeto regular la atención a la ciudadanía en el Ayuntamiento de Madrid. Asimismo, regula las condiciones y los efectos jurídicos de la utilización de los medios electrónicos en la actividad administrativa, en las relaciones entre el Ayuntamiento de Madrid y el resto de entidades previstas en la misma.

Esta ordenanza se aprueba en el marco de lo que establecen las Leyes 39/2015, de 1 de octubre, del Procedimiento Administrativo Común de las Administraciones Públicas, y 40/2015, de 1 de octubre, de Régimen Jurídico del Sector Público, la Ley 22/2006, de 4 de julio, de Capitalidad y de Régimen Especial de Madrid, y la Ley 7/1985, de 2 de abril, Reguladora de las Bases del Régimen Local.

3. Definiciones

Se considerará:

a) **Atención a la ciudadanía**: conjunto de medios y canales que el Ayuntamiento de Madrid pone a disposición de las ciudadanas y los ciudadanos para el ejercicio de sus derechos, el cumplimiento de sus obligaciones y el acceso a los servicios públicos.

b) **Información administrativa**: aquella que permite a las ciudadanas y a los ciudadanos acceder al conocimiento de sus derechos y obligaciones y a la utilización de los bienes y servicios públicos, al conocimiento del contenido de la actuación administrativa, así como, a los procedimientos administrativos y sus trámites, los requisitos y la documentación precisa para la presentación de solicitudes y comunicaciones.

c) **Sugerencia**: propuesta para la creación, ampliación o mejora de los servicios prestados por el Ayuntamiento de Madrid.

d) **Reclamación**: puesta en conocimiento sobre un deficiente funcionamiento de los servicios municipales, tales como tardanzas, desatenciones, incidencias o cualquier anomalía en su funcionamiento por la que la persona se sienta disconforme o perjudicada.

e) **Felicitación**: reconocimiento realizado por la ciudadanía sobre el buen funcionamiento de algún servicio concreto del Ayuntamiento o el trato y atención recibida por las personas que trabajan en él, a título individual o de un colectivo concreto.

f) **Medio electrónico**: cualquier mecanismo, equipo, instalación o sistema de tratamiento o transmisión de la información que permita almacenar o tratar datos o informaciones susceptibles de ser incorporados a un soporte electrónico, o transmitir dichos datos o informaciones mediante redes de comunicaciones electrónicas, incluidas las redes de telecomunicaciones y las utilizadas para radiodifusión.

g) **Portal institucional**: sitio web oficial del Ayuntamiento de Madrid que proporciona a la ciudadanía, de forma fácil, integrada y accesible, información actualizada de interés general del Ayuntamiento y de sus servicios, al tiempo que da acceso a una serie de recursos, actividades y prestaciones útiles para la ciudadanía de Madrid, permite la realización electrónica de gestiones municipales y favorece la participación y la interactuación con la administración, cumpliendo con la legislación vigente sobre protección de datos.

h) **Firma electrónica**: conjunto de datos electrónicos que acompañan o que están asociados a un documento electrónico y cuyas funciones básicas son: identificar al firmante de manera inequívoca, asegurar que el documento firmado es exactamente el mismo que el original y que no ha sufrido alteración o manipulación y, asegurar que los datos que utiliza el firmante para realizar la firma son únicos y exclusivos y, por tanto, posteriormente, no puede decir que no ha firmado el documento.

i) **Firma biométrica**: tecnología que permite capturar durante el proceso de firma manuscrita sobre dispositivos electrónicos un conjunto de datos biométricos asociados al grafo del firmante que pueden asegurar el vínculo entre el documento y la identidad del firmante.

j) **Carpeta ciudadana**: servicio de la Sede Electrónica que permite a la ciudadanía comunicarse con el Ayuntamiento de Madrid en un entorno personalizado para consultar de forma privada y segura sus datos y realizar gestiones y trámites diversos.

4. Ámbito de aplicación

4.1. Subjetivo

Esta ordenanza será de aplicación (art. 3.1) a:

a) El Ayuntamiento de Madrid.

b) Los organismos públicos y entidades de derecho público vinculadas o dependientes del Ayuntamiento de Madrid.

c) Las sociedades mercantiles y otras entidades de derecho privado vinculadas o dependientes del Ayuntamiento de Madrid quedarán sujetas a los principios previstos en los artículos 5, 6 y 7.

Será igualmente aplicable a las personas o sujetos con capacidad de obrar ante las Administraciones Públicas, de conformidad con el art. 3 de la Ley 39/2015, de 1 de octubre, del Procedimiento Administrativo Común de las Administraciones Públicas (art. 3.2).

4.2. Objetivo

Esta ordenanza se aplicará a las actuaciones en que participen los sujetos enumerados en el artículo 3.1 (ámbito subjetivo), y concretamente, a las siguientes:

a) Las relaciones con la ciudadanía que tengan carácter jurídico-administrativo.

b) El acceso de la ciudadanía a los servicios del Ayuntamiento de Madrid.

c) La realización de los trámites y procedimientos administrativos accesibles por vía electrónica, de conformidad con lo que prevé esta ordenanza.

d) El tratamiento de la información obtenida por la administración municipal en el ejercicio de sus potestades.

5. Principios generales

Los sujetos comprendidos en el art. 3.1 (ámbito subjetivo) deberán respetar en su actuación y sus relaciones con el resto de entidades del sector público y con la ciudadanía, los principios enumerados en el **art. 3 de la Ley 40/2015, de 1 de octubre, de Régimen Jurídico del Sector Público**. El citado artículo establece que *"1. Las Administraciones Públicas sirven con objetividad los intereses generales y actúan de acuerdo con los principios de eficacia, jerarquía, descentralización, desconcentración y coordinación, con sometimiento pleno a la Constitución, a la Ley y al Derecho.*

Deberán respetar en su actuación y relaciones los siguientes principios:

a) *Servicio efectivo a los ciudadanos.*

b) *Simplicidad, claridad y proximidad a los ciudadanos.*

c) *Participación, objetividad y transparencia de la actuación administrativa.*

d) *Racionalización y agilidad de los procedimientos administrativos y de las actividades materiales de gestión.*

e) *Buena fe, confianza legítima y lealtad institucional.*

f) *Responsabilidad por la gestión pública.*

g) *Planificación y dirección por objetivos y control de la gestión y evaluación de los resultados de las políticas públicas.*

h) *Eficacia en el cumplimiento de los objetivos fijados.*

i)   *Economía, suficiencia y adecuación estricta de los medios a los fines institucionales.*

j)   *Eficiencia en la asignación y utilización de los recursos públicos.*

k)   *Cooperación, colaboración y coordinación entre las Administraciones Públicas.*

2. Las Administraciones Públicas se relacionarán entre sí y con sus órganos, organismos públicos y entidades vinculados o dependientes a través de medios electrónicos, que aseguren la interoperabilidad y seguridad de los sistemas y soluciones adoptadas por cada una de ellas, garantizarán la protección de los datos de carácter personal, y facilitarán preferentemente la prestación conjunta de servicios a los interesados.

3. Bajo la dirección del Gobierno de la Nación, de los órganos de gobierno de las Comunidades Autónomas y de los correspondientes de las Entidades Locales, la actuación de la Administración Pública respectiva se desarrolla para alcanzar los objetivos que establecen las leyes y el resto del ordenamiento jurídico.

4. Cada una de las Administraciones Públicas del artículo 2 actúa para el cumplimiento de sus fines con personalidad jurídica única".

Los principios generales contenidos en la ordenanza son aplicables, asimismo, a las comunicaciones de la ciudadanía no sometidas a las normas del procedimiento administrativo.

En la interpretación y aplicación de la ordenanza el Ayuntamiento de Madrid y demás sujetos enumerados en el artículo 3.1 deberán actuar conforme a los principios que se relacionan en los apartados siguientes:

5.1. Principios relativos a la atención a la ciudadanía

La atención a la ciudadanía se regirá por los siguientes principios:

a)   **Principio de difusión de la información administrativa.**

Garantiza el acceso a la información cuyo conocimiento sea relevante para la ciudadanía.

b)   **Principio de usabilidad y accesibilidad.**

Garantiza:

1º.   El diseño de los servicios electrónicos centrado en las personas usuarias, de forma que se minimice el grado de conocimiento tecnológico necesario para el uso del servicio.

2º.   El uso de sistemas sencillos que permitan obtener información de interés para la ciudadanía, de manera rápida, segura y comprensible.

3º.   El uso de criterios unificados en la investigación y visualización de la información que permitan una mejor difusión informativa, siguiendo los criterios y los estándares internacionales y europeos de accesibilidad y tratamiento documental.

4º. La comprensión de los actos y documentos administrativos utilizando, en la medida de lo posible, un lenguaje fácil y culturalmente accesible de modo que dichos documentos queden intelectualmente al alcance de la mayoría de personas.

5º. La puesta a disposición de las ciudadanas y los ciudadanos con discapacidades o con dificultades especiales de los medios necesarios para que puedan acceder a la información administrativa a través de medios electrónicos, siguiendo los criterios y estándares generalmente reconocidos.

c) **Principio de exactitud de la información que se publique.**

Garantiza, en el acceso a la información de forma electrónica, la obtención de documentos con el contenido idéntico, veraz, exacto y fiel al equivalente en soporte papel o en el soporte en que se haya emitido el documento original. La disponibilidad de la información en forma electrónica no debe impedir o dificultar la atención personalizada en las oficinas públicas o por otros medios tradicionales.

d) **Principio de actualización.**

Garantiza la actualización de la información administrativa que sea accesible por canales electrónicos. En las publicaciones electrónicas constarán las fechas de actualización.

e) **Principio de comunicación clara.**

Garantiza la comunicación de forma fácil, directa, transparente, simple y eficaz de la información relevante para la ciudadanía.

f) **Principio de gratuidad.**

Garantiza el acceso a la atención ciudadana y a la información administrativa sin costes para quienes sean usuarias o usuarios del servicio o peticionarios de la información, sin perjuicio de las exacciones que puedan establecerse por la expedición de copias o soportes o la transposición de la información a un formato diferente al original.

g) **Principio de garantía de protección de datos de carácter personal.**

Garantiza los derechos inherentes a la protección de los datos personales, estableciendo las medidas de seguridad que impidan cualquier trazabilidad personal no amparada por la finalidad o el consentimiento.

5.2. Principios relativos a la administración electrónica

La administración electrónica se regirá por los siguientes principios:

a) **Principio de simplificación administrativa.**

Garantiza la simplificación e integración de los procesos, procedimientos y trámites administrativos, y mejorar con ello el servicio a la ciudadanía.

b) **Principio de impulso de medios electrónicos.**

Obliga a impulsar el uso efectivo de los medios electrónicos en el conjunto de sus actividades y, en especial, en las relaciones con la ciudadanía.

c) **Principio de pago electrónico.**

Garantiza la posibilidad del pago de los derechos, tributos, multas o sanciones pecuniarias que hayan de abonarse a la Hacienda Pública utilizando medios electrónicos.

d) **Principio de neutralidad tecnológica y de adaptabilidad al progreso de las técnicas y sistemas de comunicaciones electrónicas.**

Garantiza la independencia en la elección de las alternativas tecnológicas por las personas y por el sector público, así como la libertad de desarrollar e implantar los avances tecnológicos en un ámbito de libre mercado. A estos efectos, el sector público utilizará estándares abiertos, así como, en su caso y de forma complementaria, estándares que sean de uso generalizado.

Las herramientas y dispositivos que deban utilizarse para la comunicación por medios electrónicos, así como sus características técnicas, serán no discriminatorios, estarán disponibles de forma general y serán compatibles con los productos informáticos de uso general, y no restringirán el acceso de las personas a los servicios electrónicos.

e) **Principio de software libre.**

Garantiza la promoción del uso de software de código abierto en la administración electrónica.

f) **Principio de interoperabilidad.**

Garantiza la adopción de los estándares de interoperabilidad respetando criterios de seguridad, adecuación técnica y economía de medios, para que los sistemas de información utilizados sean compatibles y se reconozcan con los de la ciudadanía y los de otras Administraciones.

g) **Principio de confidencialidad, seguridad y protección de datos.**

Garantiza la protección de la confidencialidad y seguridad de los datos de la ciudadanía, de conformidad con los términos definidos en la normativa sobre protección de datos y en las otras normas relativas a la protección de la confidencialidad de los datos.

h) **Principios de eficacia, eficiencia y economía.**

Estos principios presidirán la implantación de los medios electrónicos que, en particular, se realizará según los siguientes criterios:

1º. El impacto y la utilización por parte de la ciudadanía de los servicios municipales afectados.

2º. Los colectivos de población a los que se dirige.

3º. Las mejoras alcanzables para la prestación del servicio.

4º. La integración de los sistemas de relación con la ciudadanía, con el resto de la organización municipal y con sus sistemas de información.

i) **Principio de cooperación y de colaboración interadministrativas.**

Garantizan la mejora del servicio a la ciudadanía y la eficiencia en la gestión de los recursos públicos, promoviendo la firma de convenios y acuerdos con el resto de las Administraciones Públicas a fin de desarrollar las previsiones incluidas en esta ordenanza, de conformidad con el Capítulo IV de la Ley 40/2015, de 1 de octubre.

j) **Principio de proporcionalidad** en cuya virtud solo se exigirán las garantías y medidas de seguridad adecuadas a la naturaleza y circunstancias de los distintos trámites y actuaciones electrónicas.

6. Derechos de las personas

Se reconoce a las personas en sus relaciones con el Ayuntamiento de Madrid y demás sujetos enumerados en el art. 3.1, los derechos enunciados en el art. 13 de la Ley 39/2015, de 2 de octubre, y el resto de derechos reconocidos en otras normas.

El citado art. 13 de la Ley 39/2015, de 1 de octubre, establece *"Quienes de conformidad con el art. 3, tienen capacidad de obrar ante las Administraciones Públicas, son titulares, en sus relaciones con ellas, de los siguientes **derechos**:*

a) *A comunicarse con las Administraciones Públicas a través de un Punto de Acceso General electrónico de la Administración.*

b) *A ser asistidos en el uso de medios electrónicos en sus relaciones con las Administraciones Públicas.*

c) *A utilizar las lenguas oficiales en el territorio de su Comunidad Autónoma, de acuerdo con lo previsto en esta Ley y en el resto del ordenamiento jurídico.*

d) *Al acceso a la información pública, archivos y registros, de acuerdo con lo previsto en la Ley 19/2013, de 9 de diciembre, de transparencia, acceso a la información pública y buen gobierno y el resto del Ordenamiento Jurídico.*

e) *A ser tratados con respeto y deferencia por las autoridades y empleados públicos, que habrán de facilitarles el ejercicio de sus derechos y el cumplimiento de sus obligaciones.*

f) *A exigir las responsabilidades de las Administraciones Públicas y autoridades, cuando así corresponda legalmente.*

g) *A la obtención y utilización de los medios de identificación y firma electrónica contemplados en esta Ley.*

h)   *A la protección de datos de carácter personal, y en particular a la seguridad y confidencialidad de los datos que figuren en los ficheros, sistemas y aplicaciones de las Administraciones Públicas.*

i)   *Cualesquiera otros que les reconozcan la Constitución y las leyes.*

Estos derechos se entienden sin perjuicio de los reconocidos en el artículo 53 referidos a los interesados en el procedimiento administrativo".

Todas las personas tienen derecho a que se les garantice la prestación de unos servicios públicos de calidad sobre la base de la proximidad, la eficiencia, la eficacia, la transparencia y la accesibilidad, y tendrán derecho a participar en la evaluación de la calidad de los servicios públicos, a través de los mecanismos diseñados a tal efecto, en la búsqueda de una mayor responsabilidad y calidad en la prestación de los servicios públicos.

Asimismo, las personas tienen derecho a una administración eficaz que gestione sus asuntos con imparcialidad, objetividad y dentro del marco temporal establecido.

En concreto, tienen derecho a:

a)   Recibir un trato respetuoso, imparcial y sin discriminaciones.

b)   Recibir atención, orientación e información de carácter general y particular dentro de los límites establecidos en la normativa.

c)   Presentar sugerencias, reclamaciones y felicitaciones sobre la prestación de los servicios públicos, que contribuyan a su mejor funcionamiento.

d)   Relacionarse con la Administración municipal a través de cualquiera de las modalidades de atención a la ciudadanía en los términos establecidos en la presente ordenanza.

7. Deberes de las personas

En el marco de la utilización de los medios electrónicos en la actividad administrativa y en sus relaciones con el Ayuntamiento de Madrid y demás sujetos enumerados en el art. 3.1, al objeto de garantizar el buen funcionamiento y gestión de la información, comunicaciones, procesos y aplicaciones de la administración electrónica, la actuación de las personas estará presidida por los deberes establecidos en la legislación básica estatal y legislación autonómica aplicable y, en especial, por los siguientes:

a)   Deber de utilizar los servicios y procedimientos de la administración electrónica de buena fe y evitando el abuso.

b)   Deber de facilitar al Ayuntamiento de Madrid, información veraz, completa y adecuada a los fines para los que sea requerida.

c) Deber de identificarse en las relaciones administrativas por medios electrónicos con el Ayuntamiento de Madrid, cuando aquéllas así lo requieran conforme a la normativa vigente.

d) Deber de respetar el derecho a la privacidad, confidencialidad y seguridad y el resto de los derechos en materia de protección de datos.

Además, las personas jurídicas y las otras personas y entidades referidas en el art. 14.2 y 3 de la Ley 39/2015, de 1 de octubre, tendrán el deber de relacionarse con el Ayuntamiento de Madrid por medios electrónicos para determinados procedimientos que se relacionan en el anexo de esta ordenanza.

El citado art. 14.2 y 3 de la Ley 39/2015, de 1 de octubre, establece: *"Estarán obligados a relacionarse a través de medios electrónicos con las Administraciones Públicas para la realización de cualquier trámite de un procedimiento administrativo, al menos, los siguientes sujetos:*

a) *Las personas jurídicas.*

b) *Las entidades sin personalidad jurídica.*

c) *Quienes ejerzan una actividad profesional para la que se requiera colegiación obligatoria, para los trámites y actuaciones que realicen con las Administraciones Públicas en ejercicio de dicha actividad profesional. En todo caso, dentro de este colectivo se entenderán incluidos los notarios y registradores de la propiedad y mercantiles.*

d) *Quienes representen a un interesado que esté obligado a relacionarse electrónicamente con la Administración.*

e) *Los empleados de las Administraciones Públicas para los trámites y actuaciones que realicen con ellas por razón de su condición de empleado público, en la forma en que se determine reglamentariamente por cada Administración.*

Reglamentariamente, las Administraciones podrán establecer la obligación de relacionarse con ellas a través de medios electrónicos para determinados procedimientos y para ciertos colectivos de personas físicas que por razón de su capacidad económica, técnica, dedicación profesional u otros motivos quede acreditado que tienen acceso y disponibilidad de los medios electrónicos necesarios".

Tema 8

La Ley Orgánica 3/2018, de 5 de diciembre, de Protección de Datos Personales y Garantías de los derechos digitales: objeto de la ley, deber de confidencialidad. El Código de Buenas Prácticas Administrativas del Ayuntamiento de Madrid: objeto y ámbito de aplicación.

Referencias Legislativas

- Ley Orgánica 3/2018, de 5 de diciembre, de Protección de Datos Personales y garantía de los derechos digitales.

Guion-resumen

1. **Ley Orgánica 3/2018, de 5 de diciembre, de Protección de Datos Personales y Garantías de los derechos digitales: objeto de la ley, deber de confidencialidad**

   1.1. Introducción

   1.2. Estructura de la ley

   1.3. Ámbito de aplicación y excepciones al ámbito de aplicación

   1.4. Datos de las personas fallecidas

   1.5. Principios de protección de datos

   1.6. Derechos de las personas

2. **El Código de Buenas Prácticas Administrativas del Ayuntamiento de Madrid: objeto y ámbito de aplicación**

   2.1. Introducción

   2.2. Concepto y naturaleza

   2.3. Finalidades

   2.4. Ámbito de aplicación y órganos competentes

   2.5. Concepto y requisitos

   2.6. Publicidad

1. Ley Orgánica 3/2018, de 5 de diciembre, de Protección de Datos Personales y Garantías de los derechos digitales: objeto de la ley, deber de confidencialidad

1.1. Introducción

Con fecha 7 de diciembre de 2018 entró en vigor la Ley Orgánica 3/2018, de 5 de diciembre, de Protección de Datos Personales y garantía de los derechos digitales. La ley sustituye a la antigua Ley Orgánica 15/1999, de 13 de diciembre, de Protección de Datos de Carácter Personal, y **tiene por objeto** adaptar el ordenamiento jurídico español al Reglamento (UE) 2016/679 del Parlamento Europeo y el Consejo, de 27 de abril de 2016, relativo a la protección de las personas físicas en lo que respecta al tratamiento de sus datos personales y a la libre circulación de estos datos, y completar sus disposiciones. De manera que, de ahora en adelante, el derecho fundamental de las personas físicas a la protección de datos personales, amparado por el artículo 18.4 de la Constitución, se ejercerá con arreglo a lo establecido en el Reglamento (UE) 2016/679 y la Ley Orgánica 3/2018.

Asimismo, la Ley Orgánica 3/2018 tiene por objeto garantizar los derechos digitales de la ciudadanía conforme a lo establecido en el ya mencionado art. 18.4 de la Constitución.

1.2. Estructura de la ley

La ley orgánica consta de noventa y siete artículos estructurados en diez Títulos, veintitrés Disposiciones Adicionales, seis Disposiciones Transitorias, una Disposición Derogatoria y dieciséis Disposiciones Finales.

Concretamente:

— **Preámbulo.**

— **Título I.** Disposiciones generales.

— **Título II.** Principios de protección de datos.

— **Título III.** Derechos de las personas.

    • Capítulo I. Transparencia e información.

    • Capítulo II. Ejercicio de los derechos.

— **Título IV.** Disposiciones aplicables a tratamientos concretos.

— **Título V.** Responsable y encargado del tratamiento.

    • Capítulo I. Disposiciones generales. Medidas de responsabilidad activa.

    • Capítulo II. Encargado del tratamiento.

    • Capítulo III. Delegado de protección de datos.

    • Capítulo IV. Códigos de conducta y certificación.

— **Título VI.** Transferencias internacionales de datos.

— **Título VII.** Autoridades de protección de datos.

- • Capítulo I. La Agencia Española de Protección de Datos.

- • Capítulo II. Autoridades autonómicas de protección de datos.

— **Título VIII.** Procedimientos en caso de posible vulneración de la normativa de protección de datos.

— **Título IX.** Régimen sancionador.

— **Título X.** Garantía de los derechos digitales.

— **23 Disposiciones Adicionales.**

— **6 Disposiciones Transitorias.**

— **1 Disposiciones Derogatoria.**

— **16 Disposiciones Finales.**

1.3. Ámbito de aplicación y excepciones al ámbito de aplicación

Un primer punto, siempre importante en cualquier ley y a destacar en esta es el del ámbito de actuación, y sobretodo las excepciones al ámbito de actuación recogidas en el artículo 2.

— **Ámbito de aplicación:** la ley orgánica se aplica a cualquier tratamiento total o parcialmente automatizado de datos personales, así como al tratamiento no automatizado de datos personales contenidos o destinados a ser incluidos en un fichero.

— **Excepciones al ámbito de aplicación:**

a) Los tratamientos excluidos del ámbito de aplicación del Reglamento general de protección de datos:

- • Tratamientos en el ejercicio de una actividad no comprendida en el ámbito de aplicación del Derecho de la Unión.

- • Tratamientos por parte de los Estados miembros cuando lleven a cabo actividades comprendidas en el ámbito de aplicación del capítulo 2 del título V del Tratado de la Unión Europea (política exterior y seguridad común).

- • Tratamientos efectuados por una persona física en el ejercicio de actividades exclusivamente personales o domésticas.

- • Tratamientos efectuados por parte de las autoridades competentes con fines de prevención, investigación, detección o enjuiciamiento de infracciones penales, o de ejecución de sanciones penales, incluida la de protección frente a amenazas a la seguridad pública y su prevención.

b)   Los tratamientos de datos de personas fallecidas.

c)   Los tratamientos sometidos a la normativa sobre protección de materias clasificadas.

Los tratamientos a los que no sea directamente aplicable el Reglamento (UE) 2016/679 por afectar a actividades no comprendidas en el ámbito de aplicación del Derecho de la Unión Europea, se regirán por lo dispuesto en su legislación específica si la hubiere y, supletoriamente, por lo establecido en el citado reglamento y en la Ley Orgánica 3/2018, de 5 de diciembre. Se encuentran en esta situación, entre otros, los tratamientos realizados al amparo de:

—   La legislación orgánica del régimen electoral general.

—   Los tratamientos realizados en el ámbito de instituciones penitenciarias.

—   Los tratamientos derivados del Registro Civil, los Registros de la Propiedad y Mercantiles.

El tratamiento de datos llevado a cabo con ocasión de la tramitación por el Ministerio Fiscal de los procesos de los que sea competente, así como el realizado con esos fines dentro de la gestión de la Oficina Fiscal, se regirán por lo dispuesto en el Reglamento (UE) 2016/679 y la LOPDGDD, sin perjuicio de las disposiciones de la Ley 50/1981, de 30 de diciembre, reguladora del Estatuto Orgánico del Ministerio Fiscal, la Ley Orgánica 6/1985, de 1 de julio, del Poder Judicial y de las normas procesales que le sean aplicables.

1.4.   Datos de las personas fallecidas

Según el artículo 3 de la ley orgánica, si bien la ley no se aplica a los difuntos, las personas vinculadas a un fallecido por razones familiares o de hecho, así como sus herederos, pueden solicitar al responsable o encargado del tratamiento el acceso, la rectificación o supresión de los datos personales de la persona fallecida, salvo que esta lo hubiese prohibido expresamente en vida o así lo establezca una ley. No obstante, esta prohibición no afectará al derecho de los herederos a acceder a los datos de carácter patrimonial del causante.

En el caso de fallecimiento de menores, las facultades mencionadas podrán ejercerse también por sus representantes legales o, en el marco de sus competencias, por el Ministerio Fiscal. En el caso de fallecimiento de personas con discapacidad, además de las mencionadas en este párrafo, estas facultades también podrán ejercerse por quienes hubiesen sido designados para el ejercicio de funciones de apoyo.

1.5.   Principios de protección de datos

La Ley Orgánica 3/2018, de 5 de diciembre, de Protección de Datos Personales y garantía de los derechos digitales regula como principios básicos en materia de protección de datos los siguientes:

1.5.1. Exactitud de los datos

Los datos serán exactos y, si fuere necesario, actualizados. No obstante, no será imputable al responsable del tratamiento, siempre que este haya adoptado todas las medidas razonables para que se supriman o rectifiquen sin dilación, la inexactitud de los datos personales, con respecto a los fines para los que se tratan, cuando los datos inexactos:

a) Hubiesen sido obtenidos por el responsable directamente del afectado.

b) Hubiesen sido obtenidos por el responsable de un mediador o intermediario.

c) Fuesen sometidos a tratamiento por el responsable por haberlos recibido de otro responsable.

d) Fuesen obtenidos de un registro público por el responsable.

1.5.2. Deber de confidencialidad

Los responsables y encargados del tratamiento de datos, así como todas las personas que intervengan en cualquier fase de este estarán sujetas al deber de confidencialidad, obligación que será complementaria de los deberes de secreto profesional, de conformidad con su normativa aplicable.

Las obligaciones establecidas en este apartado se mantendrán aun cuando hubiese finalizado la relación del obligado con el responsable o encargado del tratamiento.

1.5.3. Tratamiento basado en el consentimiento del afectado

Aquí el referente de la Ley Orgánica es el Reglamento (UE) 2016/679, que especifica que se entiende por consentimiento del interesado toda manifestación de voluntad libre, específica, informada e inequívoca por la que el interesado acepta, ya sea mediante una declaración o una clara acción afirmativa, el tratamiento de datos personales que le conciernen.

Cuando se pretenda fundar el tratamiento de los datos en el consentimiento del afectado para una pluralidad de finalidades será preciso que conste de manera específica e inequívoca que dicho consentimiento se otorga para todas ellas.

No podrá supeditarse la ejecución del contrato a que el afectado consienta el tratamiento de los datos personales para finalidades que no guarden relación con el mantenimiento, desarrollo o control de la relación contractual.

De acuerdo con lo que dispone la Ley Orgánica 3/2018, el tratamiento de los datos personales de un **menor de edad** únicamente puede fundarse en su consentimiento cuando este sea mayor de **catorce años**.

Se exceptúan los supuestos en que la ley exija la asistencia de los titulares de la patria potestad o tutela para la celebración del acto jurídico en cuyo contexto se recaba el consentimiento para el tratamiento.

El tratamiento de los datos de los menores de catorce años, fundado en el consentimiento, solo será lícito si consta el del titular de la patria potestad o tutela, con el alcance que determinen los titulares de la patria potestad o tutela.

1.5.4. Tratamiento de datos por obligación legal, interés público o ejercicio de poderes públicos

El tratamiento de datos personales solo podrá considerarse fundado en el cumplimiento de una obligación legal exigible al responsable, en los términos previstos en el artículo 6.1.c) del Reglamento (UE) 2016/679, cuando así lo prevea una norma de Derecho de la Unión Europea o una norma con rango de ley, que podrá determinar las condiciones generales del tratamiento y los tipos de datos objeto del mismo, así como las cesiones que procedan como consecuencia del cumplimiento de la obligación legal. Dicha norma podrá igualmente imponer condiciones especiales al tratamiento.

El tratamiento de datos personales solo podrá considerarse fundado en el cumplimiento de una misión realizada en interés público o en el ejercicio de poderes públicos conferidos al responsable, cuando derive de una competencia atribuida por una norma con rango de ley.

1.5.5. Categorías especiales de datos

Aquí volvemos a tener como referente el Reglamento (UE) 2016/679, que especifica que se prohíbe el tratamiento de datos personales que revelen el origen étnico o racial, las opiniones políticas, las convicciones religiosas o filosóficas, o la afiliación sindical, y el tratamiento de datos genéticos, datos biométricos dirigidos a identificar de manera unívoca a una persona física, datos relativos a la salud o datos relativos a la vida sexual o las orientación sexual de una persona física, excepto cuando:

a) El interesado dio su consentimiento explícito para el tratamiento de dichos datos personales con uno o más de los fines especificados, excepto cuando el Derecho de la Unión o de los Estados miembros establezca que la prohibición mencionada en el apartado 1 no puede ser levantada por el interesado.

b) El tratamiento es necesario para el cumplimiento de obligaciones y el ejercicio de derechos específicos del responsable del tratamiento o del interesado en el ámbito del Derecho laboral y de la seguridad y protección social, en la medida en que así lo autorice el Derecho de la Unión de los Estados miembros o un convenio colectivo con arreglo al Derecho de los Estados miembros que establezca garantías adecuadas del respeto de los derechos fundamentales y de los intereses del interesado.

c) El tratamiento es necesario para proteger intereses vitales del interesado o de otra persona física, en el supuesto de que el interesado no esté capacitado, física o jurídicamente, para dar su consentimiento.

d) El tratamiento es efectuado, en el ámbito de sus actividades legítimas y con las debidas garantías, por una fundación, una asociación o cualquier otro organismo sin ánimo de lucro, cuya finalidad sea política,

filosófica, religiosa o sindical, siempre que el tratamiento se refiera exclusivamente a los miembros actuales o antiguos de tales organismos o a personas que mantengan contactos regulares con ellos en relación con sus fines y siempre que los datos personales no se comuniquen fuera de ellos sin el consentimiento de los interesados.

e) El tratamiento se refiere a datos personales que el interesado ha hecho manifiestamente públicos.

f) El tratamiento es necesario para la formulación, el ejercicio o la defensa de reclamaciones o cuando los tribunales actúen en ejercicio de su función judicial.

g) El tratamiento es necesario por razones de un interés público esencial, sobre la base del Derecho de la Unión o de los Estados miembros, que debe ser proporcional al objetivo perseguido, respetar en lo esencial el derecho a la protección de datos y establecer medidas adecuadas y específicas para proteger los intereses y derechos fundamentales del interesado.

h) El tratamiento es necesario para fines de medicina preventiva o laboral, evaluación de la capacidad laboral del trabajador, diagnóstico médico, prestación de asistencia o tratamiento de tipo sanitario o social, o gestión de los sistemas y servicios de asistencia sanitaria y social, sobre la base del Derecho de la Unión o de los Estados miembros o en virtud de un contrato con un profesional sanitario y sin perjuicio de las condiciones y garantías contempladas en el apartado 3.

i) El tratamiento es necesario por razones de interés público en el ámbito de la salud pública, como la protección frente a amenazas transfronterizas graves para la salud, o para garantizar elevados niveles de calidad y de seguridad de la asistencia sanitaria y de los medicamentos o productos sanitarios, sobre la base del Derecho de la Unión o de los Estados miembros que establezca medidas adecuadas y específicas para proteger los derechos y libertades del interesado, en particular el secreto profesional.

j) El tratamiento es necesario con fines de archivo en interés público, fines de investigación científica o histórica o fines estadísticos, de conformidad con el artículo 89, apartado 1, sobre la base del Derecho de la Unión o de los Estados miembros, que debe ser proporcional al objetivo perseguido, respetar en lo esencial el derecho a la protección de datos y establecer medidas adecuadas y específicas para proteger los intereses y derechos fundamentales del interesado.

La Ley Orgánica 3/2018 establece, a fin de evitar situaciones discriminatorias, que el solo consentimiento del afectado no bastará para levantar la prohibición del tratamiento de datos cuya finalidad principal sea identificar su ideología, afiliación sindical, religión, orientación sexual, creencias u origen racial o étnico, cosa que sí contempla el Reglamento.

Los tratamientos de datos contemplados en las letras g), h) e i) fundados en el Derecho español deberán estar amparados en una norma con rango de ley, que podrá establecer requisitos adicionales relativos a su seguridad y confidencialidad.

En particular, dicha norma podrá amparar el tratamiento de datos en el ámbito de la salud cuando así lo exija la gestión de los sistemas y servicios de asistencia sanitaria y social, pública y privada, o la ejecución de un contrato de seguro del que el afectado sea parte.

1.5.6. Tratamiento de datos de naturaleza penal

El tratamiento de datos personales relativos a condenas e infracciones penales, así como a procedimientos y medidas cautelares y de seguridad conexas, para fines distintos de los de prevención, investigación, detección o enjuiciamiento de infracciones penales o de ejecución de sanciones penales, solo podrá llevarse a cabo cuando se encuentre amparado en una norma de Derecho de la Unión, en esta ley orgánica o en otras normas de rango legal.

Fuera de los supuestos señalados en los apartados anteriores, los tratamientos de datos referidos a condenas e infracciones penales, así como a procedimientos y medidas cautelares y de seguridad conexas solo serán posibles cuando sean llevados a cabo por abogados y procuradores y tengan por objeto recoger la información facilitada por sus clientes para el ejercicio de sus funciones.

1.6. Derechos de las personas

Se trata de uno de los puntos fundamentales de protección de datos, por lo que consideramos importante relacionar la regulación contenida en el Reglamento (UE) 2016/679 con la contenida en la Ley Orgánica 3/2018, al remitirse esta última de forma constante al Reglamento.

1.6.1. Derecho a la información

A) Información que debe facilitarse cuando los datos personales se obtengan del interesado

La Ley Orgánica completa lo establecido por el Reglamento con el art. 11, apartados 1 y 2, en donde se establece lo siguiente:

1. Cuando los datos personales sean obtenidos del afectado el responsable del tratamiento podrá dar cumplimiento al deber de información establecido en el artículo 13 del Reglamento (UE) 2016/679 facilitando al afectado la información básica a la que se refiere el apartado siguiente e indicándole una dirección electrónica u otro medio que permita acceder de forma sencilla e inmediata a la restante información.

2. La información básica a la que se refiere el apartado anterior deberá contener, al menos:

   a) La identidad del responsable del tratamiento y de su representante, en su caso.

   b) La finalidad del tratamiento.

c) La posibilidad de ejercer los derechos establecidos en los artículos 15 a 22 del Reglamento (UE) 2016/679.

Si los datos obtenidos del afectado fueran a ser tratados para la elaboración de perfiles, la información básica comprenderá asimismo esta circunstancia. En este caso, el afectado deberá ser informado de su derecho a oponerse a la adopción de decisiones individuales automatizadas que produzcan efectos jurídicos sobre él o le afecten significativamente de modo similar, cuando concurra este derecho de acuerdo con lo previsto en el artículo 22 del Reglamento (UE) 2016/679.

B) Información que debe facilitarse cuando los datos personales no se hayan obtenido del interesado

La Ley Orgánica 3/2018, en su art. 11.3 señala que, cuando los datos personales no hubieran sido obtenidos del afectado, el responsable podrá dar cumplimiento al deber de información establecido en el artículo 14 del Reglamento (UE) 2016/679 facilitando a aquel la información básica señalada en el apartado anterior (esto es, la identidad del responsable del tratamiento y de su representante, en su caso; la finalidad del tratamiento; y la posibilidad de ejercer los derechos establecidos en los arts. 15 a 22 del Reglamento 2016/679), indicándole una dirección electrónica u otro medio que permita acceder de forma sencilla e inmediata a la restante información.

En estos supuestos, la información básica incluirá también:

a) Las categorías de datos objeto de tratamiento.

b) Las fuentes de las que procedieran los datos.

1.6.2. Disposiciones generales sobre el ejercicio de los derechos

Los derechos reconocidos en los arts. 15 a 22 del Reglamento (UE) 2016/679, podrán ejercerse directamente o por medio de representante legal o voluntario.

El responsable del tratamiento estará obligado a informar al afectado sobre los medios a su disposición para ejercer los derechos que le corresponden. Los medios deberán ser fácilmente accesibles para el afectado. El ejercicio del derecho no podrá ser denegado por el solo motivo de optar el afectado por otro medio.

El encargado podrá tramitar, por cuenta del responsable, las solicitudes de ejercicio formuladas por los afectados de sus derechos si así se estableciere en el contrato o acto jurídico que les vincule.

La prueba del cumplimiento del deber de responder a la solicitud de ejercicio de sus derechos formulado por el afectado recaerá sobre el responsable.

Cuando las leyes aplicables a determinados tratamientos establezcan un régimen especial que afecte al ejercicio de los derechos previstos en el Capítulo III "Derechos del interesado" del Reglamento (UE) 2016/679, se estará a lo dispuesto en aquellas.

En cualquier caso, los titulares de la patria potestad podrán ejercitar en nombre y representación de los menores de catorce años los derechos de acceso, rectificación, cancelación, oposición o cualesquiera otros que pudieran corresponderles en el contexto de la Ley Orgánica 3/2018.

Serán gratuitas las actuaciones llevadas a cabo por el responsable del tratamiento para atender las solicitudes de ejercicio de estos derechos, con las excepciones señaladas en el Reglamento (UE) 2016/679 y en la Ley Orgánica 3/2018.

1.6.3. Derecho de acceso

El Reglamento establece sobre el derecho de acceso que el interesado tendrá derecho a obtener del responsable del tratamiento confirmación de si se están tratando o no datos personales que le conciernen y, en tal caso, derecho de acceso a los datos personales y a la siguiente información:

a) Los fines del tratamiento.

b) Las categorías de datos personales de que se trate.

c) Los destinatarios o las categorías de destinatarios a los que se comunicaron o serán comunicados los datos personales, en particular destinatarios en terceros u organizaciones internacionales.

d) De ser posible, el plazo previsto de conservación de los datos personales o, de no ser posible, los criterios utilizados para determinar este plazo.

e) La existencia del derecho a solicitar del responsable la rectificación o supresión de datos personales o la limitación del tratamiento de datos personales relativos al interesado, o a oponerse a dicho tratamiento.

f) El derecho a presentar una reclamación ante una autoridad de control.

g) Cuando los datos personales no se hayan obtenido del interesado, cualquier información disponible sobre su origen.

h) La existencia de decisiones automatizadas, incluida la elaboración de perfiles, y, al menos en tales casos, información significativa sobre la lógica aplicada, así como la importancia y las consecuencias previstas de dicho tratamiento para el interesado.

Cuando se transfieran datos personales a un tercer país o a una organización internacional, el interesado tendrá derecho a ser informado de las garantías adecuadas relativas a la transferencia.

El responsable del tratamiento facilitará una copia de los datos personales objeto de tratamiento. El responsable podrá percibir por cualquier otra copia solicitada por el interesado un canon razonable basado en los costes administrativos. Cuando el interesado presente la solicitud por medios electrónicos, y a menos que este solicite que se facilite de otro modo, la información se facilitará en un formato electrónico de uso común.

El derecho a obtener copia no afectará negativamente a los derechos y libertades de otros.

La **Ley Orgánica 3/2018** completa lo establecido por el reglamento en su art. 13, en donde se establece que el derecho de acceso del afectado se ejercitará de acuerdo con lo establecido en el art. 15 del Reglamento (UE) 2016/679.

Asimismo, dispone que cuando el responsable trate una gran cantidad de datos relativos al afectado y este ejercite su derecho de acceso sin especificar si se refiere a todos o a una parte de los datos, el responsable podrá solicitarle, antes de facilitar la información, que el afectado especifique los datos o actividades de tratamiento a los que se refiere la solicitud.

El derecho de acceso se entenderá otorgado si el responsable del tratamiento facilitara al afectado un sistema de acceso remoto, directo y seguro a los datos personales que garantice, de modo permanente, el acceso a su totalidad. A tales efectos, la comunicación por el responsable al afectado del modo en que este podrá acceder a dicho sistema bastará para tener por atendida la solicitud de ejercicio del derecho.

No obstante, el interesado podrá solicitar del responsable la información referida a los extremos previstos en el art. 15.1 del Reglamento (UE) 2016/679 que no se incluyese en el sistema de acceso remoto.

A los efectos establecidos en el art. 12.5 del Reglamento (UE) 2016/679 se podrá considerar repetitivo el ejercicio del derecho de acceso **en más de una ocasión durante el plazo de seis meses, a menos que exista causa legítima para ello.**

Cuando el afectado elija un medio distinto al que se le ofrece que suponga un coste desproporcionado, la solicitud será considerada excesiva, por lo que dicho afectado asumirá el exceso de costes que su elección comporte. En este caso, solo será exigible al responsable del tratamiento la satisfacción del derecho de acceso sin dilaciones indebidas.

1.6.4. Derecho de rectificación

De acuerdo con lo dispuesto en el RGPD, el interesado tendrá derecho a obtener sin dilación indebida del responsable del tratamiento la rectificación de los datos personales inexactos que le conciernan. Teniendo en cuenta los fines del tratamiento, el interesado tendrá derecho a que se completen los datos personales que sean incompletos, inclusive mediante una declaración adicional.

Por su parte, la **Ley Orgánica 3/2018** completa lo establecido por el reglamento con el art. 14, en donde se establece que: *"Al ejercer el derecho de rectificación reconocido en el art. 16 del Reglamento (UE) 2016/679, el afectado deberá indicar en su solicitud a qué datos se refiere y la corrección que haya de realizarse. Deberá acompañar, cuando sea preciso, la documentación justificativa de la inexactitud o carácter incompleto de los datos objeto de tratamiento".*

1.6.5. Derecho de supresión (derecho al olvido)

Señala el Reglamento (UE) 2016/679 que el interesado tendrá derecho a obtener sin dilación indebida del responsable del tratamiento la supresión de los datos personales que le conciernan, el cual estará obligado a suprimir sin dilación indebida los datos personales cuando concurra alguna de las circunstancias siguientes:

a) Los datos personales ya no sean necesarios en relación con los fines para los que fueron recogidos o tratados de otro modo.

b) El interesado retire el consentimiento en que se basa el tratamiento de conformidad con el artículo 6, apartado 1, letra a), o el artículo 9, apartado 2, letra a), y este no se base en otro fundamento jurídico.

c) El interesado se oponga al tratamiento con arreglo al artículo 21, apartado 1, y no prevalezcan otros motivos legítimos para el tratamiento, o el interesado se oponga al tratamiento con arreglo al artículo 21, apartado 2.

d) Los datos personales hayan sido tratados ilícitamente.

e) Los datos personales deban suprimirse para el cumplimiento de una obligación legal establecida en el Derecho de la Unión o de los Estados miembros que se aplique al responsable del tratamiento.

f) Los datos personales se hayan obtenido en relación con la oferta de servicios de la sociedad de la información mencionados en el artículo 8, apartado 1.

Cuando haya hecho públicos los datos personales y esté obligado a suprimir dichos datos, el responsable del tratamiento, teniendo en cuenta la tecnología disponible y el coste de su aplicación, adoptará medidas razonables, incluidas medidas técnicas, con miras a informar a los responsables que estén tratando los datos personales de la solicitud del interesado de supresión de cualquier enlace a esos datos personales, o cualquier copia o réplica de los mismos.

Lo mencionado no se aplicará cuando el tratamiento sea necesario:

— Para ejercer el derecho a la libertad de expresión e información.

— Para el cumplimiento de una obligación legal que requiera el tratamiento de datos impuesta por el Derecho de la Unión o de los Estados miembros que se aplique al responsable del tratamiento, o para el cumplimiento de una misión realizada en interés público o en el ejercicio de poderes públicos conferidos al responsable.

— Por razones de interés público en el ámbito de la salud pública de conformidad con el art. 9, apartado 2, letras h) e i), y apartado 3.

— Con fines de archivo en interés público, fines de investigación científica o histórica o fines estadísticos, de conformidad con el art. 89,

apartado 1, en la medida en que el derecho indicado en el apartado 1 pudiera hacer imposible u obstaculizar gravemente el logro de los objetivos de dicho tratamiento.

— Para la formulación, el ejercicio o la defensa de reclamaciones.

La **Ley Orgánica 3/2018**, por su parte, establece que el derecho de supresión se ejercerá de acuerdo con lo establecido en el art. 17 del Reglamento (UE) 2016/679. Cuando la supresión derive del ejercicio del derecho de oposición con arreglo al art. 21.2 del Reglamento (UE) 2016/679, el responsable podrá conservar los datos identificativos del afectado necesarios con el fin de impedir tratamientos futuros para fines de mercadotecnia directa.

1.6.6. Derecho de limitación del tratamiento

Dispone el Reglamento (UE) 2016/679 que el interesado tendrá derecho a obtener del responsable del tratamiento la limitación del tratamiento de los datos cuando se cumpla alguna de las condiciones siguientes:

a) El interesado impugne la exactitud de los datos personales, durante un plazo que permita al responsable verificar la exactitud de los mismos.

b) El tratamiento sea ilícito y el interesado se oponga a la supresión de los datos personales y solicite en su lugar la limitación de su uso.

c) El responsable ya no necesite los datos personales para los fines del tratamiento, pero el interesado los necesite para la formulación, el ejercicio o la defensa de reclamaciones.

d) El interesado se haya opuesto al tratamiento en virtud del artículo 21, apartado 1, mientras se verifica si los motivos legítimos del responsable prevalecen sobre los del interesado.

Cuando el tratamiento de datos personales se haya limitado en virtud del apartado anterior, dichos datos solo podrán ser objeto de tratamiento, con excepción de su conservación, con el consentimiento del interesado o para la formulación, el ejercicio o la defensa de reclamaciones, o con miras a la protección de los derechos de otra persona física o jurídica o por razones de interés público importante de la Unión o de un determinado Estado miembro.

Todo interesado que haya obtenido la limitación del tratamiento conforme a lo expuesto en este epígrafe será informado por el responsable antes del levantamiento de dicha limitación.

Asimismo, establece la obligación del responsable del tratamiento de comunicar cualquier rectificación o supresión de datos personales o limitación del tratamiento a cada uno de los destinatarios a los que se hayan comunicado los datos personales, salvo que sea imposible o exija un esfuerzo desproporcionado. El responsable informará al interesado acerca de dichos destinatarios, si este así lo solicita.

Por su parte, la **Ley Orgánica 3/2018**, en sus arts. 16 y 19 señala que el derecho a la limitación del tratamiento se ejercerá de acuerdo con lo establecido en el artículo 18 del Reglamento (UE) 2016/679.

El hecho de que el tratamiento de los datos personales esté limitado debe constar claramente en los sistemas de información del responsable.

1.6.7. El derecho a la portabilidad de los datos

De acuerdo con el RGPD, el interesado tendrá derecho a recibir los datos personales que le incumban, que haya facilitado a un responsable del tratamiento, en un formato estructurado, de uso común y lectura mecánica, y a transmitirlos a otro responsable del tratamiento sin que lo impida el responsable al que se los hubiera facilitado, cuando:

a) El tratamiento esté basado en el consentimiento o en un contrato.

b) El tratamiento se efectúe por medios automatizados.

Al ejercer su derecho a la portabilidad de los datos de acuerdo con el apartado anterior, el interesado tendrá derecho a que los datos personales se transmitan directamente de responsable a responsable cuando sea técnicamente posible.

1.6.8. Derecho de oposición

Respecto al derecho de oposición, el Reglamento (UE) 2016/679 señala que el interesado tendrá derecho a oponerse en cualquier momento, por motivos relacionados con su situación particular, a que datos personales que le conciernan sean objeto de un tratamiento incluida la elaboración de perfiles.

El responsable del tratamiento dejará de tratar los datos personales, salvo que acredite motivos legítimos imperiosos para el tratamiento que prevalezcan sobre los intereses, los derechos y las libertades del interesado, o para la formulación, el ejercicio o la defensa de reclamaciones.

Cuando el tratamiento de datos personales tenga por objeto la mercadotecnia directa, el interesado tendrá derecho a oponerse en todo momento al tratamiento de los datos personales que le conciernan, incluida la elaboración de perfiles en la medida en que esté relacionada con la citada mercadotecnia.

Cuando el interesado se oponga al tratamiento con fines de mercadotecnia directa, los datos personales dejarán de ser tratados para dichos fines.

A más tardar en el momento de la primera comunicación con el interesado, el derecho indicado en los dos primeros párrafos será mencionado explícitamente al interesado y será presentado claramente y al margen de cualquier otra información.

En el contexto de la utilización de servicios de la sociedad de la información, y no obstante lo dispuesto en la Directiva 2002/58/CE, el interesado podrá ejercer su derecho a oponerse por medios automatizados que apliquen especificaciones técnicas.

Cuando los datos personales se traten con fines de investigación científica o histórica o fines estadísticos de conformidad con el art. 89, apartado 1, el interesado tendrá derecho, por motivos relacionados con su situación particular, a oponerse al tratamiento de datos personales que le conciernan, salvo que sea necesario para el cumplimiento de una misión realizada por razones de interés público.

2. El Código de Buenas Prácticas Administrativas del Ayuntamiento de Madrid: objeto y ámbito de aplicación

2.1. Introducción

En la actualidad, las buenas prácticas del Ayuntamiento de Madrid se regulan en el Acuerdo de 23 de marzo de 2023 de la Junta de Gobierno de la Ciudad de Madrid, por el que se aprueba el Código de Buenas Prácticas del Ayuntamiento de Madrid y se modifica el Acuerdo de 5 de septiembre de 2019 de la Junta de Gobierno de la Ciudad de Madrid, de organización y competencias de la Coordinación General de la Alcaldía, y que derogó el Acuerdo de 4 de diciembre de 2008.

2.2. Concepto y naturaleza

El Código de Buenas Prácticas del Ayuntamiento de Madrid (en adelante, el Código) es el instrumento para identificar, documentar y promover la aplicación de buenas prácticas en el Ayuntamiento de Madrid.

Tiene una naturaleza orientadora de toda la actividad municipal.

2.3. Finalidades

El Código tiene las siguientes finalidades:

a) Promover una cultura administrativa presidida por la innovación, la excelencia y la vocación de servicio público, más allá del mero cumplimiento de las obligaciones legales.

b) Facilitar la transferencia de conocimiento dentro de la organización municipal para la mejora continua de los servicios públicos.

c) Definir una metodología común para la identificación y documentación de las buenas prácticas municipales.

d) Crear un repositorio único de buenas prácticas municipales y establecer los criterios para su gestión.

e) Aumentar las buenas prácticas desarrolladas por los distintos servicios municipales y facilitar su más amplia consulta y difusión.

2.4. Ámbito de aplicación y órganos competentes

El Código resulta de aplicación a todas las áreas municipales, a los distritos, a los organismos públicos y a las empresas del Ayuntamiento de Madrid cuyo capital sea íntegramente municipal.

La Junta de Gobierno determinará el órgano competente para la gestión del Código, que comprenderá las siguientes funciones:

a) Recibir y tramitar las solicitudes de inscripción, modificación o baja en el Código.

b) Comprobar el cumplimiento de los requisitos previstos.

c) Comprobar la cumplimentación de la información prevista.

d) Realizar el requerimiento anual previsto.

e) Revisar de oficio el contenido del Código en los supuestos previstos.

f) Publicar el Código y difundir su contenido.

g) Actuar como órgano de apoyo e intermediación entre el órgano promotor de la buena práctica y el órgano que pretenda replicarla en otro ámbito, en colaboración con el órgano directivo competente en materia de calidad.

h) Elaborar un informe anual en el que se detallen las novedades y actualizaciones incluidas en el Código en el correspondiente período.

Los órganos directivos serán responsables de solicitar la inscripción, modificación o baja en el Código de las buenas prácticas en el ámbito de sus respectivas competencias y conforme a lo previsto

2.5. Concepto y requisitos

Se considera buena práctica una forma óptima de tramitar un procedimiento administrativo, prestar un servicio público, realizar un trámite o ejecutar una actividad que cambia la forma habitual de realizarla obteniendo una mejora cualitativa.

La buena práctica deberá cumplir los siguientes requisitos:

a) Ser innovadora.

b) Ser eficaz, obteniendo los resultados deseados e implicando un impacto positivo en el ámbito en el que se ha desarrollado.

c) Ser sostenible en el tiempo, manteniendo y produciendo efectos y resultados duraderos.

d) Ser replicable y transferible a otros servicios públicos distintos de aquel en el que se generó.

No tendrá la consideración de buena práctica:

a)   El cumplimiento ordinario de obligaciones legales.

b)   La aprobación de ordenanzas o reglamentos.

c)   La realización de obras públicas.

2.6.   Publicidad

Las buenas prácticas implementadas por el Ayuntamiento de Madrid, sus organismos públicos o empresas de capital íntegramente municipal, deberán ser inscritas en el Código con carácter previo a cualquier otra forma de difusión o publicidad.

El Código y las buenas prácticas en él incorporadas, se publicarán en la Sede Electrónica del Ayuntamiento de Madrid.

Tema 9

La correspondencia: franqueo, depósito, entrega, recogida y distribución. Normativa para la distribución del correo interno y externo municipal. La atención al público: acogida e información.

Referencias Legislativas

- *Ley 43/2010, de 30 de diciembre, del servicio postal universal, de los derechos de los usuarios y del mercado postal.*

- *Real Decreto 1829/1999, de 3 de diciembre, por el que se aprueba el Reglamento por el que se regula la prestación de los servicios postales, en desarrollo de lo establecido en la Ley 24/1998, de 13 de julio, del Servicio Postal Universal y de Liberalización de los Servicios Postales.*

Guion-resumen

1. La correspondencia: franqueo, depósito, entrega, recogida y distribución

1.1. El servicio postal universal

La Ley 43/2010, de 30 de diciembre, del servicio postal universal, de los derechos de los usuarios y del mercado postal, nace de la necesidad de transponer antes del 31 de diciembre de 2010 la Directiva 2008/6/CE, de 20 de febrero de 2008, por la que se modifica la Directiva 97/67/CE del Parlamento europeo y el Consejo, de 15 de diciembre de 1997, relativa a las normas comunes para el desarrollo del mercado interior de los servicios postales en la Comunidad y la mejora de la calidad del servicio, cuya finalidad ha sido la de proseguir la apertura de la competencia de los servicios postales de la comunidad, es decir, la sociedad estatal Correos y Telégrafos dejaría de ser la única prestadora de servicios de correspondencia; si bien, sigue siendo la única habilitada para prestar el servicio postal universal.

En este sentido, el servicio postal universal, se encomienda en régimen de obligación de servicio público al operador público Correos y Telégrafos, S. A.

El servicio postal universal es el conjunto de servicios postales de calidad determinada por la ley, prestados de forma permanente en todo el territorio nacional y a precio asequible para todos los usuarios. El límite para los paquetes en el ámbito del servicio postal universal es de 20 kilogramos. Sin embargo, existen servicios (paquetería, publicidad, distribución, etc.) que aun prestados por Correos se prestan en condiciones de libre mercado ajenas a las obligaciones de servicio público que se le imponen al prestador del servicio postal universal. Para la prestación de estos servicios es necesario disponer de la correspondiente autorización administrativa singular o declaración responsable.

En definitiva, el Estado establece que la "Sociedad Estatal Correos y Telégrafos, Sociedad Anónima" tiene la condición de operador designado por el Estado para prestar el servicio postal universal por un período de 15 años a partir de la entrada en vigor de la Ley de 2010.

1.1.1. Definición de servicio postal universal

Se entiende por servicio postal universal el conjunto de servicios postales de calidad determinada en la ley y sus reglamentos de desarrollo, prestados en régimen ordinario y permanente en todo el territorio nacional y a precio asequible para todos los usuarios.

Las actividades de recogida, admisión, clasificación, transporte, distribución y entrega de envíos postales nacionales y transfronterizos en régimen ordinario de:

a) Cartas y tarjetas postales que contengan comunicaciones escritas en cualquier tipo de soporte de hasta dos kilogramos de peso.

b) Paquetes postales, con o sin valor comercial, de hasta veinte kilogramos de peso.

El servicio postal universal incluirá, igualmente, la prestación de los servicios de certificado y valor declarado, accesorios de los envíos contemplados en este apartado.

Los envíos nacionales y transfronterizos de publicidad directa, de libros, de catálogos, de publicaciones periódicas y los restantes cuya circulación no esté prohibida, serán admitidos para su remisión en régimen de servicio postal universal, siempre que este se lleve a cabo con arreglo a alguna de las modalidades previstas en el apartado anterior.

1.1.2. Derechos de los usuarios

Secreto de las comunicaciones, inviolabilidad de la correspondencia, protección de datos de carácter personal, denuncia, indemnización, propiedad de los envíos postales, presentación de escritos a las Administraciones Públicas, prueba de depósito y entrega de los envíos certificados, reexpedición y rehúse de los envíos postales y protección de los envíos no entregados, el derecho a la información sobre los servicios postales, a la reclamación, que comporta la correlativa obligación por parte de los operadores postales de establecer procedimientos sencillos, gratuitos y no discriminatorios con el fin de que la reclamación sea resuelta en el plazo máximo de un mes y la posibilidad de que los usuarios puedan someter las controversias que se susciten con los operadores postales al conocimiento de las Juntas Arbitrales de Consumo, y las que ocurran en el ámbito del servicio postal universal, a la Comisión Nacional del Sector Postal, y a la identificación del operador postal.

1.2. Correspondencia: franqueo, depósito, entrega, recogida y distribución

Se entiende por red postal pública el conjunto de los medios de todo orden empleados por el operador al que se ha encomendado la prestación del servicio postal universal, que permiten:

a) La recogida, la admisión y la clasificación de los envíos postales amparados por una obligación de servicio universal, a partir de los puntos de acceso en todo el territorio del Estado.

b) El tratamiento, el curso y el transporte de estos envíos desde el punto de acceso a la red postal hasta el centro de distribución.

c) La distribución y la entrega, en la dirección indicada en el envío.

1.2.1. Línea básica de correspondencia

La clasificación actual de productos y servicios de Correos denomina a la anterior Línea Básica, Línea de Comunicación, incluyendo en ella los productos que antiguamente se encuadraban dentro de la Línea Urgente.

La línea básica comprende la correspondencia tradicional del correo público, aquella que satisface las necesidades básicas de comunicación escrita de los ciudadanos. Las características principales de esta línea se definen por un tratamiento postal prioritario y por plazos de entrega cortos y regulares.

Abarca los siguientes productos:

— Carta.

— Carta certificada.

— Tarjeta postal.

— Prefranqueados/Prepagados.

— Notificación.

Se prestan tanto en el ámbito nacional como en el internacional, excepto los prefranqueados y la notificación, que se limitan al ámbito nacional.

La carta y la tarjeta postal, hasta 2 kilogramos de peso, forman parte del Servicio Postal Universal que debe prestarse de forma permanente en todo el territorio nacional e incluye los servicios accesorios de certificado y valor declarado.

La línea de comunicación comprende los productos tradicionales del correo público, aquellos que satisfacen las necesidades básicas de comunicación escrita de los ciudadanos. Las características principales de los productos de esta línea se de-finen por un tratamiento postal prioritario y por plazos de entrega cortos y regulares. Abarca los siguientes productos:

— Servicios postales y de comunicación:

- • Carta.

- • Carta certificada.

- • Tarjeta postal.

- • Prefranqueados/Prepagados.

- • Notificación.

- • Cecogramas.

- • Carta Urgente.

- • Carta Certificada Urgente.

- • Valijas.

- • Carta digital (correo digital).

— Servicios de Telecomunicaciones:

- • Fax y Burofax.

- • Telegrama.

A)   Carta

Se trata de todo envío cerrado cuyo contenido no se indique ni pueda conocerse, toda comunicación materializada en forma escrita sobre soporte físico de cualquier naturaleza, que tenga carácter actual y personal.

En todo caso, tendrán la consideración de cartas los envíos de recibos, facturas, documentos de negocio, estados financieros y cualesquiera otros mensajes que no sean idénticos.

B)   Carta certificada

Es el envío que, reuniendo los mismos requisitos que la carta, se caracteriza por circular dotado de mayores garantías, como son la admisión mediante resguardo y la entrega bajo firma, previo pago de una cantidad predeterminada a tanto alzado, comporta una garantía fija contra los riesgos de pérdida, robo o deterioro, y que facilita al remitente, en su caso y a petición de este, una prueba de depósito del envío postal o de su entrega al destinatario.

Su pérdida o extravío da derecho al remitente a la percepción de una cantidad en concepto de indemnización, que es fija e igual para cada objeto. El remitente como propietario será el perceptor de la indemnización por pérdida o extravío, pero en virtud del art. 22 Real Decreto 1829/1999 podrá cederla al destinatario.

Circularán necesariamente bajo esta modalidad las notificaciones o comunicaciones que los órganos de la Administración Pública remiten a los ciudadanos con constancia fehaciente en la recepción.

Asimismo, circularán como cartas certificadas las solicitudes, escritos y comunicaciones que los ciudadanos dirijan a las Administraciones Públicas (art. 16.4 b) de la Ley 39/2015, de 1 de octubre, del Procedimiento Administrativo Común de las Administraciones Públicas (LPA) y el art. 14 de la Ley 43/2010, de 30 de diciembre, del servicio postal universal, de los derechos de los usuarios y del mercado postal). Las solicitudes, escritos y comunicaciones que los ciudadanos o entidades dirijan a los órganos de las Administraciones Públicas, a través de Correos, se presentarán en sobre abierto, con objeto de que en la cabecera de la primera hoja del documento que se quiera enviar, se hagan constar, con claridad, el nombre de la oficina y la fecha, el lugar, la hora y minuto de su admisión. Estas circunstancias deberán figurar en el resguardo justificativo de su admisión.

C)   Sobre Certificado Premium

Se trata de un sobre prepagado para carta certificada de 100 gr y de 189 x 250 mm de dimensiones.

Incluye Prueba de Entrega Electrónica y un seguro de 100 euros.

Es un producto exclusivo de Oficinas de Correos.

D) Tarjeta postal

Es toda pieza rectangular de cartulina consistente o material similar, lleve o no el título de tarjeta postal, que circule al descubierto y que contenga un mensaje de carácter actual y personal.

La indicación del término "tarjeta postal" en los envíos individuales implica automáticamente esta clasificación postal, aunque el objeto correspondiente carezca de texto actual y personal.

E) Prefranqueados y prepagados

A continuación, estudiaremos los sobres que pone Correos a disposición de sus clientes y que llevan incorporado en su precio tanto el embalaje como el precio del franqueo y/o servicios/valores añadidos.

a) **Prefranqueados ordinarios:**

Como su nombre indica, los Sobres Prefranqueados son sobres en los que aparecen sellos impresos por la Fábrica Nacional de la Moneda y Timbre pero que tienen la peculiaridad de que, (igual a como sucediera con las "TARJETAS DEL CORREO"), se caracterizan por la circunstancia de no llevar en el sello su facial expresado en números, sino por medio de letras mayúsculas, mostrando el facial "A" aquellos envíos destinados al interior de la nación, y con facial tipo "B" los reservados a franqueo Internacional –si bien es cierto que, hasta ahora únicamente se han fabricado con Facial A, o sea, para envíos nacionales–. De esta manera, ante un cambio de moneda, al no llevar su valor expresado en euros, mantendrían su vigencia.

Fabricados en papel de alta calidad, con autoadhesivos, incorporan sistema abre fácil. No es necesario pegar sellos y su valor se revaloriza ajustándose a las tarifas en vigor cada año. Se pueden depositar directamente en un buzón.

b) **Prepagados certificados:**

Máxima comodidad, no necesitan franqueo ni cumplimentar el impreso de admisión (excepto el prepagado con Aviso de Recibo). Circulan como correo preferente y máximas garantías al tratarse de cartas certificadas. Su valor se revaloriza ajustándose a las tarifas en vigor cada año. Algunos de ellos realizados en papel resistente y recubierto en el interior con plástico (los acolchados).

Solo es necesario completar los datos del remitente y del destinatario para realizar el envío y depositarlo en un buzón de Correos si se trata de un envío ordinario o en cualquier oficina de Correos si se trata de un envío certificado. No es necesario pegar sellos ni etiquetas, sin caducidad.

Carta certificada hasta 100 g.

Valor declarado de 100 euros.

Prueba de Entrega Electrónica (PEE).

F) Notificación

Servicio establecido para las Administraciones Publicas y la Administración de Justicia que requieren la prueba fehaciente de la entrega de sus comunicaciones de carácter legal (art. 39 del Reglamento Postal y art. 22.4 de la Ley 43/2010 y Ley 39/2015), cumpliendo todos los requisitos de la normativa vigente. Tienen dos intentos de entrega a domicilio.

Cuando la notificación se practique en el domicilio del interesado, de no hallarse presente éste en el momento de entregarse la notificación, podrá hacerse cargo de la misma cualquier persona mayor de catorce años que se encuentre en el domicilio y haga constar su identidad. Si nadie se hiciera cargo de la notificación, se hará constar esta circunstancia en el expediente, junto con el día y la hora en que se intentó la notificación, intento que se repetirá por una sola vez y en una hora distinta dentro de los tres días siguientes. En caso de que el primer intento de notificación se haya realizado antes de las quince horas, el segundo intento deberá realizarse después de las quince horas y viceversa, dejando en todo caso al menos un margen de diferencia de tres horas entre ambos intentos de notificación. Si el segundo intento también resultara infructuoso, se procederá a su publicación en el Boletín Oficial correspondiente.

1.2.2. Notificaciones informatizadas y productos registrados (SICER –Servicios de Información y Control de Envíos Registrados–) bajo acuerdos especiales que presta Correos a diversos organismos públicos y empresas privadas

A) Productos certificados bajo acuerdos especiales

— **C1:** Certificado acuerdo especial, con un intento de entrega y 15 días naturales en lista.

— **C2:** Certificado acuerdo especial, con dos intentos de entrega y 7 días naturales en lista.

— **C5:** Certificado acuerdo especial 2-15, con dos intentos de entrega y 15 días naturales en lista.

— **TC:** Certificado Documento TC, con dos intentos de entrega y 7 días naturales en lista. En su custodia, encaminamiento y entrega se observarán los controles y condiciones establecidos para los envíos asegurados.

— **TB-2:** Certificado Documento TB-2, con dos intentos de entrega y no pasa a lista. Fallidos los dos intentos de entrega, al día siguiente del segundo, la entrega se realiza en la sucursal del banco indicada en la documentación de cada envío.

Este certificado incorpora en su reverso dos avisos de llegada y un Aviso de Recibo especial: el primer aviso indica el primer intento de entrega. El segundo aviso indica el segundo intento de entrega. El tercero está pegado al reverso del envío e incorpora un aviso de recibo especial donde figurarán los eventos de la distribución y los datos del destinatario y empleado que lo distribuye. El primer Aviso de llegada está enganchado al segundo aviso y este último, al Aviso de Recibo especial formando un desplegable.

B) Notificaciones administrativas informatizadas

— **90......**: Notificación de la Agencia Tributaria, su código se compone de números y no empieza con ninguna letra. Tienen dos intentos de entrega y 7 días naturales en lista. No se pueden reexpedir ni reenviar. Su aviso de recibo impreso en color azul en el anverso del propio sobre.

La Agencia Tributaria no contempla la opción de 07 (corresponde a "Nadie se hace cargo"), y lo considera como 03 (Ausente).

Solo se considerará como 04 (Desconocido) cuando se tenga la absoluta certeza de que el destinatario no vive allí, y a pesar de ello, se realizar el segundo intento de entrega.

— **NT**: notificación informatizada NT, con dos intentos de entrega y 7 días naturales en Lista. En el acuerdo nacional, el AR es de color amarillo. En el acuerdo zonal, el AR es de color crema.

— **NS**: notificación informatizada digitalizada NS, con dos intentos de entrega y 7 días naturales en lista, el AR es digitalizado.

— **N3**: notificación informatizada Tercer Intento Tarde N3, dos intentos de entrega y 7 días naturales en lista, pasado este tiempo se realiza un tercer intento en turno de tarde. Solo en capitales y grandes ciudades (normalmente por la Unidad de Servicios Especiales, USE).

— **NR**: notificación informatizada con e-AR NR, dos intentos de entrega y 7 días naturales en Lista, el e-AR se imprime en la propia unidad de reparto o en la oficina de entrega.

— **ND**: notificación informatizada sin lista y depósito en buzón ND, dos intentos de entrega y no pasa a lista. Se deposita en el buzón domiciliario si el segundo intento de entrega a domicilio resultase fallido, separando en ese momento el aviso de recibo.

— **NE**: notificación informatizada con lista y depósito en buzón NE, dos intentos de entrega y 7 días naturales en lista. Si no se entregase en lista, el envío retornará a la unidad de reparto para su depósito en el buzón domiciliario, como un envío ordinario más, pero separando el aviso de recibo.

1.2.3. Aviso de recibo

Servicio de Correos para tener constancia o confirmación por escrito y por vía postal de la entrega de un envío, saber cuándo y quién recibió el envío que se remitió.

En **ámbito nacional** se puede utilizar para:

— Carta certificada (clientes con contrato exclusivamente).

— Certificados con acuerdo especiales.

— Carta certificada urgente (clientes con contrato).

— Notificación (clientes con contrato).

— Notificación con acuerdo especial.

— Paquete Azul.

— Giro postal ordinario.

Hay dos modelos de Aviso de Recibo en el ámbito nacional.

— M-35 plus 1E envíos con un intento de entrega.

— M-35 plus 2E envíos con dos intentos de entrega.

Existen modelos específicos para clientes con contrato.

En **ámbito internacional** se utiliza para:

— Carta certificada internacional.

— Carta certificada urgente internacional.

— Paquete postal internacional económico.

En este ámbito el modelo de aviso de recibo es el CN-07.

1.2.4. Acuse de recibo

Servicio adicional que consiste en la confirmación de la entrega al destinatario de la persona que recibió el envío, la fecha y la hora.

Este servicio se utiliza para los productos Burofax, Telegrama y Giro nacional urgente. Su actual denominación es Prueba de Entrega Física (PEF).

1.2.5. Certificaciones

Los clientes pueden solicitar el servicio de certificación de un envío certificado, tanto postal como de telecomunicaciones, son los únicos en los que podemos tener constancia de su admisión o la entrega.

Tipos de certificaciones:

— Certificación de imposición: se certifica la imposición de un envío pero no el contenido.

— Copia certificada: se certifica tanto la imposición como el texto remitido, es exclusiva para telegrama y burofax.

— Certificación de entrega: se certifica la entrega del envío, a así como la fecha y los datos del receptor.

— Certificación de intento de entrega: se certifica la no entrega y el motivo de esta.

1.2.6. Prueba de entrega electrónica (PEE)

La prueba de entrega electrónica (PEE) es un nuevo producto que sustituye cualquier prueba de entrega física para productos registrados (Aviso de recibo, Acusé de recibo y e-AR este último se ha suprimido como producto en las tarifas de Correos para 2019) y permite recoger y hacer llegar al remitente de un envío, las situación final de este y en algunos casos sus estados intermedios, así como todos los datos referentes a su entrega (fecha, hora de entrega, datos personales y firma del destinatario), devolución, rechazo o caducidad en formato electrónico.

— Ámbito: envíos con destino territorio nacional y Andorra.

— Productos: tanto para clientes con contrato o particulares:

- Paq Premium nacional. Paq Estándar nacional y Paq Today.

- Carta certificada y Carta certificada urgente.

- Notificaciones.

- Telegramas y Burofax.

1.2.7. Línea urgente de correspondencia

Abarca los siguientes productos en correspondencia:

— **Ámbito nacional:**

- Carta Ordinaria Urgente.

- Carta Certificada Urgente.

- Valija.

— **Ámbito internacional: solo paquetería**

- Carta Ordinaria Urgente.

- Carta Certificada Urgente.

En servicios de paquetería comprende los siguientes productos:

— **Destinos Nacionales:**

- **Paq Premium:** para los envíos más urgentes.

- **Paq Today:** modalidad exclusiva para clientes con contrato, para envíos de hasta 5 kg con entrega y recogida en el mismo día.

— **Destinos Internacionales:**

- **Paq Premium internacional:** para los envíos más urgentes.

- **Paq Light:** para envíos de hasta 2 kg, con entrega preferente sin necesidad de firma.

A)   Carta ordinaria urgente

Es el producto que permite enviar con carácter urgente documentos o mercancías como un envío cerrado cuyo contenido no se indique ni pueda conocerse, asimismo, documentos o comunicaciones escritas en cualquier soporte que tengan carácter actual o personal.

B)   Carta certificada urgente

Se define como el envío que, reuniendo los mismos requisitos que la carta, se caracteriza por circular con carácter urgente y dotado de mayores garantías, ya que su admisión se efectúa contra resguardo y su entrega mediante firma, y a lo largo de su proceso logístico se realizan diversas operaciones que lo singulariza.

Asimismo, su pérdida o extravío da derecho al remitente a la percepción de una cantidad en concepto de indemnización, que es fija e igual para cada objeto.

La indemnización por pérdida de un envío podrá ser cedida por parte del remitente al destinatario (art. 22 del Real Decreto 1829/1999).

Podrán circular bajo esta modalidad las notificaciones o comunicaciones que los órganos de la Administración Pública remiten a los ciudadanos con constancia fehaciente en la recepción.

Pueden asimismo circular como cartas certificadas las solicitudes, escritos y comunicaciones que los ciudadanos dirijan a las Administraciones Públicas conforme a lo dispuesto en la normativa vigente.

C)   PAQ Today

Nuevo producto dentro de la línea urgente de paquetería nacional que permite la admisión, transporte y distribución de documentos o mercancías con o sin valor comercial, con entrega a domicilio, oficina o en CorreosPaq el mismo día de su imposición, solo en el ámbito provincial.

Puede llevar los mismos valores añadidos que el Paquete Premium, y en principio, únicamente se comercializa a clientes con contrato (en algunas oficinas se comercializa a clientes sin contrato).

D) PAQ Premium Internacional

Producto que permite la admisión, trasporte y distribución de documentos o mercancías con y sin valor comercial a la mayor parte de países, hasta 30 kg de peso. Tratamiento logístico exclusivo y entrega urgente con plazos garantizados. Tiene un tratamiento informatizado, con posibilidad de consulta en internet y por teléfono. No admite reembolso ni prueba de entrega.

E) PAQ Light Internacional

Envíos de documentos hasta 2 Kg, con carácter urgente, seguimiento informatizado, depósito en buzón (sin firma) y entrega en los principales países europeos, y otros. Como garantía: este servicio disfruta de la información de retorno. La entrega se realiza en el domicilio del destinatario sin necesidad de firma.

1.2.8. Alianzas internacionales de envío EPG y KPG

Correos, en el ámbito de la paquetería internacional, participa en dos grandes alianzas internacionales EPG *(European Parcel Group)* y KPG *(Kahala Postal Group)*. La primera extiende sus redes por Europa y Estados Unidos, mientras que el KPG gestiona los envíos en Asia y Oceanía.

EPG se compone de 31 operadores de paquetería postal comprometidos con entregar sus productos de paquetería prioritaria a través de una red de distribución integrada. La red utiliza un sistema de seguimiento y localización y un sistema de servicio al cliente automatizado que une los centros de llamadas de cada operador postal para asegurar una calidad estable y confiable de servicio para sus clientes.

Dentro de esta alianza Correos solo realiza labores de entrega en España. Por lo que no es un producto contratable.

KPG es una alianza estratégica, comercial y operativa entre operadores postales públicos nacida en 2004, y cuyo objetivo fundamental consiste en mejorar la eficiencia operativa de los servicios postales del Exprés Mail Service (EMS) a empresas y particulares.

Kahala Post Group (KPG) es una alianza comercial entre los operadores postales de Australia, China, Corea del Sur, Hong Kong, Japón, Estados Unidos, Singapur, Reino Unido, Francia y España. El éxito de KPG reside en Calculador de Garantías (GC), que contiene una base de datos con todos los códigos postales de los países miembros, y que, en función de la información de admisión, el sistema te calcula la fecha de entrega estimada, y que, a su vez, es garantizada. Este Calculador de Garantías está integrado en los sistemas de admisión de Correos, IRIS 6, por lo que la calidad de grabación para estos destinos es clave para poder ofrecer a los clientes de Correos los servicios que tiene

Kahala. Con este servicio Correos se asegura la exclusividad en la importación y exportación de EMS y de paquetería aérea con un grupo de operadores que abarca a casi 2000 millones de habitantes de todo el mundo, frente a operadores globales como DHL, UPS, TNT o FedEx.

1.2.9. Paquetería y sus productos

El servicio de paquetería de Correos y Telégrafos comprende aquellos productos que permiten a los clientes realizar envíos a cualquier destino, nacional o extranjero, que contengan objetos, productos o materias, con o sin valor comercial.

A) Paquete azul

Con este producto, Correos y Telégrafos cumple, en el ámbito de la paquetería nacional, la prestación del servicio postal universal (SPU) que tiene encomendada y que conlleva la obligación de realizar la entrega de los envíos que formen parte del mismo hasta los 20 kg de peso. Tiene carácter certificado.

Servicios de paquetería no urgentes (los urgentes ya han sido estudiados).

— **Destinos Nacionales:**

Paquete Premium Nacional:

- Paquete Estándar: máxima calidad al mejor precio.

- Paquete Azul: para envíos de hasta 20 kg, con plazo de entrega entre 3 y 5 días hábiles.

- Paquete Ligero: modalidad exclusiva para clientes con contrato, para envíos de hasta 2 kg, con entrega sin necesidad de firma en 24-48 h.

— **Destinos Internacionales:**

- Paquete Standard: envíos con carácter preferente al mejor precio, para paquetería internacional.

- Paquete Internacional Económico: la opción más asequible con la máxima calidad.

B) PAQ estándar nacional

Producto para el servicio de distribución de documentos y mercancías no urgentes con seguimiento y control informatizado y con un plazo de entrega más flexible (de 2 a 3 días hábiles según destinos) dentro del territorio nacional, Andorra y Portugal continental, con una tarifa competitiva y un alto nivel de servicio.

Aunque este producto se comercializa tanto para clientes sin contrato como con él, está especialmente dirigido a:

— Empresas de venta a distancia.

— Empresas dedicadas a la comercialización y la venta de mercancías a través de Internet, comercio electrónico.

— Clientes con contrato que precisen transportar mercancías o documentos, según unos plazos establecidos.

— Operadores logísticos o manipuladores.

En ambos casos (con contrato y sin contrato), bajo las modalidades de entrega en domicilio PQ, entrega en oficina de referencia PR (aquella que por código postal le corresponda), entrega en oficina elegida PS y Citypaq PO y PY.

Esta oferta se completa con una serie de servicios adicionales para ofrecer soluciones globales: logística integral, recogida a domicilio, diversificación de modalidades de entrega que faciliten la entrega efectiva, plazos de entrega garantizados, seguimiento del estado del envío a cualquier hora (trazabilidad) y productos específicos para atender la logística inversa y el retorno de paquetería (Paq Retorno y Paq Retorno Premium).

Los valores añadidos son en su gran mayoría los mismos que en el Paq Premium, al igual que los pesos y dimensiones.

Las zonas tarifarias y tramos de peso son las mismas que en el Paq Premium. La forma de pago para clientes sin contrato es siempre en el momento (metálico, tarjeta débito o crédito, tarjeta prepago Mastercard de Correos, tarjeta Más Cerca). Los datos se dan de alta en la aplicación Iris y se imprime una etiqueta de 14,5 x 10 cm conteniendo todos ellos, así como los valores añadidos.

Para los clientes con contrato la facturación es a final de mes por todos los envíos presentados y disponen de programas instalados por Correos para la grabación de datos, generación de números de seguimiento e impresión de etiquetas. Disponen a su vez, de la posibilidad de gestionar cualquier incidencia en sus envíos a través de los enlaces particulares de la oficina virtual de Correos.

El peso y las dimensiones son iguales que el Paq premium nacional.

No puede circular con aviso de recibo ni permite el franqueo a máquina.

C) Paquete internacional económico (PPIE)

Envío que puede contener cualquier objeto, producto, sustancia o materia cuya circulación este permitida y que teniendo o no carácter comercial vaya cerrado, con un peso de hasta 30 kg. Cuenta con la seguridad de ir certificado de la forma más económica y ser entregado bajo firma al destinatario en el país de destino.

En la admisión se procederá a comprobar si el país de destino admite este peso máximo, así como los posibles valores añadidos a contratar (Aviso de Recibo, Reembolso, Valor Declarado u otros).

Con este producto, Correos cumple, en el ámbito de la paquetería internacional, la prestación del servicio Postal Universal que tiene encomendada (solo hasta 20 kg).

D) PAQ estándar internacional

Por su trasporte y tratamiento prioritario, el Paq Estándar Internacional dispone de unos plazos de entrega más rápidos a los países que prestan este servicio. Estos envíos, así como los objetos y mercancías que contienen, gozan de la seguridad de ir registrados y ser entregados a domicilio bajo firma al destinatario o persona autorizada por el mismo (este producto ha sustituido al Paquete Postal Internacional Prioritario).

No pueden circular con reembolso, aviso de recibo ni valor declarado, no pueden ir dirigidos a apartados postales ni a lista de Correos, pero si pueden circular con un seguro opcional de hasta 3.000 euros para aquellos países que lo admitan.

E) PAQ 10, 14 y 24

Con la puesta en marcha por parte de Correos del grupo empresarial con las tres filiales (Correos Express, Nexea y Correos Telecom), en las oficinas postales se comercializan productos de paquetería de Correos Express, como son Paq10, Paq14 y Paq24, para clientes particulares y clientes con contrato.

Como su propio nombre indica los envíos serán entregados antes de las 10 de la mañana, de las 14 horas o durante todo el día en el caso del Paq24 siempre dentro del siguiente día hábil a su admisión.

F) PAQ ligero

Se crea este producto en 2019, es un servicio monobulto con un peso hasta 2 kg, con entrega preferiblemente en el buzón domiciliario, es un envío registrado, no certificado para su entrega directamente en el buzón domiciliario de cliente.

— Ámbito: España y Andorra.

— Zonas tarifarias: tres zonas: 1,2,3 envíos intrapeninsulares o Andorra, zona 4 Envíos a Baleares, Ceuta o Melilla, Zona 5 Envíos a Canarias.

G) Valijas

Producto que permite, en horarios fijos, la recogida, transporte y entrega urgente de documentos y mercancías bajo contrato. Se presta con contrato personalizado y adaptado a las necesidades y horarios de cada cliente, especialmente diseñado para el correo interno de las empresas que necesitan intercambiar correspondencia periódica entre un punto y varios destinos nacionales (por ejemplo, la central y sus distintas delegaciones, o viceversa).

1.2.10. Línea económica de correspondencia

La línea económica de Correos y Telégrafos comprende aquellos productos diseñados especialmente para la promoción y venta de bienes y servicios. Las características principales de los productos de esta línea se definen por un precio inferior a los de otras líneas y por plazos de entrega más amplios.

Ninguno de estos productos está incluido en la prestación del Servicio Postal Universal. No todos admiten servicios añadidos, dadas las especiales características de algunos envíos. Todos estos servicios se prestan en libre competencia. Ningún producto de esta línea puede circular con carácter certificado; solo circulan con carácter ordinario. Todos circulan al descubierto o en sobre cerrado o abierto, en este último caso tiene que llevar la indicación "para inspección postal abrir aquí".

1.2.11. Productos antigua Línea Económica, actualmente productos de Marketing Directo de Correos

El Publicorreo, tanto nacional como internacional. Envíos publicitarios con idéntico mensaje para múltiples destinatarios, deberán circular siempre abiertos para comprobación de su contenido o de lo contrario, con la inscripción "Para inspección postal abrir aquí".

Los Libros, envíos de libros, coleccionables,…; solo por parte de librerías o empresas dedicadas a la publicación.

Las Publicaciones Periódicas, aquellos periódicos que suscriban un contrato con Correos (Franqueo Concertado, del que se tratará más adelante).

Los Impresos Sin Dirección, impresos publicitarios para buzonear.

Actualmente el Publicorreo Óptimo, en el ámbito nacional, el Publicorreo Internacional, las Publicaciones Periódicas y los libros son los productos asociados al Servicio Postal Universal dentro del Marketing Directo de Correos.

1.3. Sistemas de franqueo

1.3.1. Sistemas de franqueo y otros sistemas de pago

El franqueo es la tarifa o precio aplicado a los envíos postales para que circulen por la Red Postal Pública. El pago de los servicios postales puede realizarse por cualquiera de los siguientes sistemas de franqueo:

— Sellos.

— Estampillas.

— Franqueo pagado en Oficina.

— Franqueo a máquina.

— Franqueo diferido.

— Pago diferido:

  • Franqueo concertado.

  • Franqueo pagado.

— Franqueo en destino.

— CCRI.

— Vales respuesta. Coupon Réponse.

A) Sellos de Correos y otros signos distintivos previamente estampados

Los sellos son trozos pequeños de papel, con timbre oficial de figuras o signos, grabados con la palabra "CORREOS ESPAÑA". Los confecciona el Estado a través de la Fábrica Nacional de Moneda y Timbre (FNMT).

Siempre que esté oficialmente emitido, el sello de correos tiene poder liberatorio del importe del franqueo en la cuantía que en el mismo se consigna.

Correos comercializa sellos con valores no numéricos que indican ámbitos y/o tramos de peso, así podemos encontrar los siguientes:

— Tarifa A: Nacional hasta 20 gr de peso.

— Tarifa A2: Nacional desde 20 gr a 50 gr.

— Tarifa B: Internacional Europa hasta 20 gr de peso.

— Tarifa C: Internacional resto del mundo hasta 20 gr de peso.

También se emiten, como modalidad de franqueo, reproducciones del propio timbre postal, en sobre, tarjetas postales y cartas-sobre.

En esta última modalidad se encuentran los sobres prefranqueados de venta en todas las oficinas de la red.

B) Estampillas

Las estampillas de franqueo reflejarán el valor de la tarifa o precio exigido por la prestación del servicio de que se trate, adhiriéndose a la cubierta de los envíos.

Son estampaciones en etiquetas autoadhesivas impresas por el valor seleccionado y emitidas por las estampilladoras de uso público de Correos.

C) Franqueo pagado en oficina

Etiquetas adhesivas que se emiten la aplicación Iris una vez realizada la admisión de cada uno de los envíos. Además del valor del envío pone la fecha, la oficina de admisión y un número de seguimiento, por si fuera el caso. A partir de 30 envíos se utilizan máquinas de franquear de alta producción, donde se seleccionará el valor de franqueo para que la máquina lo compute.

CARTA ORDINARIA

4300010 - TARRAGONA OP
363844
24/11/14   09:21

0,38 €

Como opción alternativa se podría utilizar un sello manual que acredita su admisión en un lugar y fecha determinados, y la indicación de que el franqueo ha sido pagado en oficina. El sistema emite siempre un recibo detallado para el cliente con el importe que debe abonar y valida los impresos correspondientes.

D) Franqueo máquina

El franqueo por medio de estampaciones de máquinas de franquear de modelos autorizados por Correos puede realizarse para toda clase de productos que circulan por el correo, en sustitución de los sellos o simultáneamente con ellos, sea cual fuere el ámbito geográfico y la modalidad con que se admitan, cursen o entreguen.

En las estampaciones debe figurar la inscripción "CORREOS-ESPAÑA", y en el centro la indicación del valor del franqueo, todo ello en tinta azul.

Cuando se trate de objetos cuyas dimensiones no permitan la estampación o impresión directa, esta podrá obtenerse en una etiqueta o faja en la que figuren impresos el nombre y la dirección del remitente y del destinatario, y que habrá de adherirse en toda su extensión a los envíos respectivos. Este procedimiento no podrá, en ningún caso, aplicarse a la correspondencia asegurada.

Al lado de la estampación indicada lleva otra en la que consta la oficina de origen y la fecha, el nombre o razón social del titular de la máquina, y el número de matrícula.

Los titulares de máquinas no pueden franquear otra correspondencia que la de su propiedad, con las excepciones siguientes:

— Los hoteles o establecimientos similares pueden franquear con su máquina la correspondencia de las personas alojadas en ellos.

— Las empresas, la de sus sucursales o filiales, siempre que se haga constar en los sobres o cubiertas el nexo que las une.

— Las empresas de publicidad directa, la de sus clientes siempre que se exprese en las estampaciones el nombre o razón social de la empresa publicitaria.

La correspondencia franqueada a máquina debe depositarse en la oficina, acompañada del albarán de entrega correspondiente por duplicado, una para el cliente y otra para la Administración Postal y Telegráfica de la Provincia.

E) Pago diferido

— Franqueo concertado

El franqueo concertado solo puede aplicarse a aquellos periódicos que hayan sido calificados como tales por el Centro Directivo y posean autorización para utilizar este sistema de franqueo.

Solamente es válido para los envíos de carácter ordinario, en todos los ámbitos geográficos, y con las siguientes modalidades:

- Prensa.

- Envíos con tarifa específica de periódico autorizada.

En la cubierta de los envíos debe aparecer la indicación "Franqueo Concertado" y el número clasificador o concierto dado por el Centro Directivo.

Los depósitos deben realizarse en la Oficina de Correos de la localidad donde esté radicado el domicilio del editor, o en la Jefatura Provincial de la demarcación.

Excepcionalmente, el Centro directivo puede autorizar el depósito en otras Jefaturas Provinciales o administraciones.

El depósito se acompaña del albarán de entrega correspondiente.

— Franqueo pagado

El sistema de franqueo pagado requiere contrato previo con el remitente.

Los envíos deben depositarse en las oficinas autorizadas, debiendo reunir las siguientes características:

- En el ángulo superior izquierdo del anverso figura el membrete del remitente.

- El ángulo superior derecho lleva impreso un cajetín de forma rectangular que contiene en su lado izquierdo la cornamusa y, a continuación, en dos líneas, la indicación "Franqueo Pagado" y debajo, el número de la autorización, precedido de una "I" si se trata de impresos.

El depósito se acompaña del albarán de entrega correspondiente.

Se pueden acoger a este sistema de franqueo los siguientes envíos:

- Cartas ordinarias y certificadas tanto nacionales como internacionales y los servicios adicionales de certificado, aviso de recibo, reembolso y valor declarado.

- Cartas urgentes, de ámbito nacional e internacional y los servicios adicionales de certificado, aviso de recibo, y valor declarado.

- Publicorreo Óptimo, Publicorreo Premium y el Publibuzón (impresos sin dirección).

F) Franqueo en destino

Este sistema permite que el franqueo no sea abonado por el remitente, sino por el destinatario, a través de un apartado especial FD previamente contratado en la oficina.

Solamente puede utilizarse para cartas, tarjetas postales y hojas-pedido de librería y, en cualquier caso, como correspondencia ordinaria dentro del ámbito geográfico nacional.

Los envíos a franquear en destino pueden depositarse en los buzones de uso público sin necesidad de adherir franqueo alguno.

— En la parte superior izquierda pueden llevar la indicación "Respuesta Comercial".

— En la mitad izquierda, una banda gruesa de trazos discontinuos en sentido vertical.

— En el ángulo superior derecho, un recuadro con la indicación "Franqueo en destino".

— Como señas del destinatario, el número del apartado especial FD.

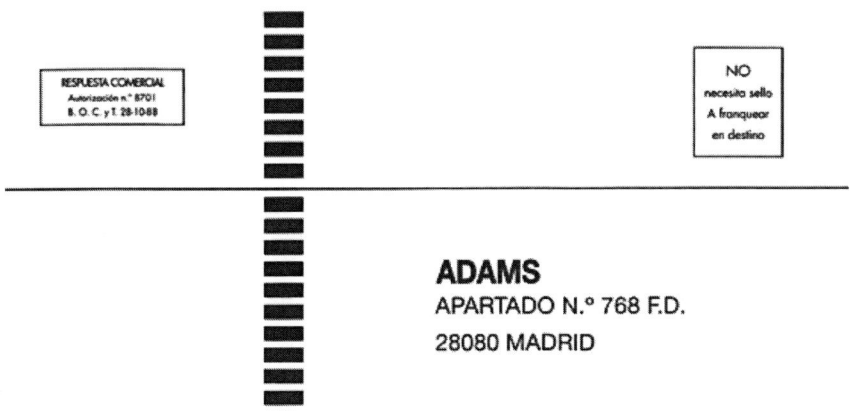

G) CCRI

En el ámbito internacional existe un servicio similar denominado "Correspondencia comercial-Respuesta internacional (CCRI)", cuya aplicación se extiende a cartas y tarjetas postales normalizadas, con un límite máximo de 250 gramos.

— **Peso máximo:** 2 kg.

— **Tamaño mínimo:** 14 x 9 cm.

— **Tamaño máximo:** largo + ancho + alto = máximo 90 cm.

No pudiendo exceder ni el largo, ni el ancho, ni el alto de 60 cm.

Puede efectuarse el pago a la recepción de los envíos o bien facturarse en un periodo determinado, previa firma de un contrato.

1.3.2. Albaranes de entrega

Los clientes con contrato pueden depositar los envíos adjuntando un albarán de entrega, en el que se contemplan una serie de descuentos en función de: destino, volumen de envíos en cada depósito, grado de preparación y, finalmente, según su clasificación y presentación en la oficina.

— **En función del destino** se definen tres ámbitos:

1. **Local.** Se aplica a los envíos cuyo destino sea la misma localidad en que se admiten.

2. **Destino 1 (D1).** Se aplica a los envíos dirigidos a todas las capitales de provincia y a grandes poblaciones.

3. **Destino 2 (D2).** Se aplica al resto de destinos.

— **En función del nivel de clasificación de los envíos** presentado en la oficina se definen 3 grados:

a) **G1.** Clasificados por provincias, incluidos en contenedores por provincia o zona y correctamente identificados y rotulados.

b) **G2.** Clasificados por código postal (5 dígitos), incluidos en contenedores a destino final y correctamente identificados y rotulados con código postal y localidad.

c) **G0.** Cuando la preparación y presentación no se ajusta a lo requerido en los grados 1 y 2.

Los clientes pueden preparar sus albaranes de entrega:

— Cumplimentados de forma manual.

— Prerregistrados en Correos On Line con código de barras.

— Con nube de puntos a través de GANES.

Siempre hay que verificar que el contenido del albarán coincide con las especificaciones definidas para cada producto y modalidad. Cuando el volumen de envíos depositados por el cliente en ventanilla sea muy numeroso, se actuará de la siguiente forma: sobre una muestra extraída al azar se realiza el control cualitativo de los envíos. Estos se deben adaptar a las especificaciones definidas para cada producto y modalidad.

Caso de que la comprobación nos indique errores, deberá modificarse el albarán indicando mediante la casilla de incidencias el o los motivos que lo provocan (error en número de envíos, tramos de peso, clasificaciones, valores añadidos, etc.).

1.4. Depósito

1.4.1. Depósito de envíos certificados

En el epígrafe referido a la línea básica de correspondencia nos hemos referido a las cartas certificadas. Correos y Telégrafos deberá facilitar al remitente de cualquier envío certificado, a petición del mismo y previo pago del importe que corresponda, resguardo acreditativo de su admisión, donde conste la fecha y hora de su presentación, y asimismo de su recepción por el destinatario de su envío.

Estos envíos deberán contener siempre los datos de remitente y destinatario. El dato de remitente podrá no consignarse cuando se trate de un concurso (literario, de dibujo,...), puede omitirse en el embalaje pero no en el registro

informatizado del envío. No podrán escribirse a lápiz ni cerrarse con cinta adhesiva (dificulta la comprobación de manipulación) (art. 24.3 del Real Decreto 1829/1999).

1.4.2. Depósito en caso de imposibilidad de entrega de los envíos postales (art. 24 Real Decreto 1829/1999)

Cuando la entrega a domicilio o en oficina de los envíos postales no pueda realizarse a su destinatario o persona autorizada, por haber sido rehusado o por no haber sido retirados aquellos, el operador podrá optar, entre devolver a este el envío o comunicarle, por cualquier medio reconocido en Derecho, las indicadas circunstancias que no lo permitieron.

Cuando la entrega de los envíos ordinarios en casillero domiciliario, domicilio, oficina u otros medios análogos de entrega no se pueda llevar a efecto, entre otras causas, por ser desconocido el destinatario, haber fallecido sin dejar herederos o haberse ausentado sin dejar señas, se procederá, sin más dilación, a devolverlos al remitente, siempre que conste este dato en los envíos.

Los operadores postales mantendrán en depósito los citados aquellos envíos que no se hayan podido entregar.

Con carácter general, los envíos postales declarados sobrantes permanecerán en depósito durante un plazo máximo de seis meses. Pasado este plazo, se considerarán caducados.

Procederá la destrucción de aquellos envíos sin valor declarado que hayan sido considerados caducados. Aquellos envíos con valor declarado se conservarán durante 3 años.

1.5. Recogida

El operador de correos, en la actualidad Correos y Telégrafos S.A., está obligada a las siguientes cuestiones relacionadas con la recogida:

a) Realizar, al menos, una recogida en los puntos de acceso a la red postal todos los días laborables, de lunes a viernes, con independencia de la densidad de población e incluso en zonas rurales.

b) Disponer de una cobertura adecuada al ámbito territorial para el que haya sido designado y, en particular, asegurar suficientes puntos de acceso a los servicios postales y la accesibilidad a los citados puntos de las personas con discapacidad de cualquier tipo, así como de las personas con movilidad reducida.

c) No denegar la admisión de los envíos cuando estos reúnan los requisitos reglamentarios y se satisfaga el precio correspondiente.

En este sentido, nos remitimos al Anexo sobre objetos prohibidos para circular por correo.

1.6. Entrega

1.6.1. Entrega de envíos postales a domicilio

La entrega de los envíos se realizará en la dirección postal que figure en su cubierta. Asimismo, procurará la entrega de aquellos envíos postales cuya dirección aun siendo incompleta permita la identificación del destinatario. Las entregas se practicarán, al menos, todos los días laborales, de lunes a viernes, salvo en el caso de concurrir circunstancias o condiciones geográficas especiales señaladas en la Ley.

Se entenderá autorizado por el destinatario para recibir los envíos en su domicilio cualquier persona que se encuentre en el mismo, haga constar su identidad y se haga cargo de ellos, excepto que haya oposición expresa del destinatario por escrito dirigida al operador designado que presta el servicio postal universal.

El destinatario o la persona autorizada podrá rehusar el envío postal en el momento de la entrega en los siguientes supuestos:

a) Antes de abrirlo si se trata de carta o paquete postal.

b) Antes de leerlo o examinarlo interiormente si se trata de otra clase de envíos. Se exceptúan los envíos contra reembolso, cuando el remitente lo autorice de forma expresa en la cubierta del mismo.

Se entiende por domicilio, el conjunto de datos geográficos que permitan identificar el lugar de entrega de los envíos. Lo componen los siguientes elementos:

a) Tipo y denominación de la vía pública: nombre que identifique la calle, plaza, avenida, camino o carretera u otros.

b) Número de la finca: el que haya sido asignado por el Ayuntamiento de la localidad dentro de los existentes en la vía pública.

c) Datos de la vivienda o local: los que identifican al inmueble de forma singularizada en la inscripción existente en el Registro de la Propiedad.

d) Número de casillero domiciliario postal a continuación de las letras "CD".

e) Localidad: nombre de la población.

f) Código postal: el asignado a cada dirección postal.

1.6.2. Entrega de envíos postales mediante depósito en casilleros domiciliarios

La entrega de envíos postales de carácter ordinario podrá realizarse en los casilleros domiciliarios instalados al efecto cuando sus dimensiones lo permitan.

Los casilleros deberán reunir las características necesarias que garanticen la propiedad, el secreto y la inviolabilidad de los envíos postales y deberán ajustarse a las características normalizadas que establezca en cada momento las normas técnicas aplicables al sector postal, de acuerdo con lo establecido en la Directiva 97/67/CE.

1.6.3. Entrega de envíos postales en apartados

El operador al que se ha encomendado la prestación del servicio postal universal podrá establecer apartados para la entrega de envíos postales a las personas físicas, jurídicas, públicas o privadas.

1.6.4. Entrega de envíos postales en oficina

Los remitentes podrán dirigir los envíos postales a una determinada oficina postal, los cuales se entregarán al destinatario previa identificación de su personalidad.

Asimismo, se entregará en oficina todo envío que, por ausencia u otra causa justificada, no haya podido entregarse al destinatario o a la persona autorizada en su domicilio.

1.6.5. Entrega de envíos postales en entornos especiales o cuando concurran circunstancias o condiciones excepcionales

Las entregas se practicarán, al menos, todos los días laborables, de lunes a viernes, salvo en el caso de concurrir circunstancias o condiciones geográficas especiales. Tendrán la consideración de entornos especiales los siguientes supuestos:

a) Cuando se trate de viviendas aisladas o situadas en entornos calificados como diseminados y estén situadas a más de 250 metros de la vía pública habitualmente utilizada por cualquiera de los servicios públicos.

   El reparto se realizará mediante buzones individuales o agrupados ubicados al paso o en un punto de aproximación entre las viviendas y la vía de circulación.

b) En entornos de gran desarrollo de construcción y mínima densidad de población, entendiendo por tal desarrollos de construcción horizontal, que sean viviendas individuales o agrupadas, naves industriales o cualquier otro tipo de edificación individualizada.

   En estos entornos el reparto se realizará mediante casilleros concentrados pluridomiciliarios.

c) En otros entornos especiales, considerando, a efectos postales, los siguientes:

   1. Mercados, centros comerciales y de servicios, entendiendo por éstos aquellos entornos caracterizados por una concentración de establecimientos independientes de carácter comercial o de servicios.

2. Conjunto residencial de inmuebles que sean viviendas unifamiliares con un único número de policía y sin identificación oficial individualizada de cada una de las viviendas, o áreas industriales cuyas naves tengan, asimismo, un único número de policía y sin identificación oficial de cada una de ellas.

El reparto se efectuará en todo caso mediante casilleros concentrados pluridomiciliarios.

1.6.6. Entregas especiales de envíos postales

Los envíos postales dirigidos a personas fallecidas serán entregados a sus herederos o a aquellos que tengan la administración de la herencia, justificada su cualidad de tales.

1.6.7. Entrega de notificaciones de órganos administrativos y judiciales

La entrega de notificaciones de órganos administrativos y judiciales realizada por el operador al que se ha encomendado la prestación del servicio postal universal tendrá como efecto la constancia fehaciente de su recepción.

1.7. Distribución

El servicio postal universal debe prestarse respetando los siguientes principios (art. 22 de la Ley 43/2010):

a) **Equidad:** ofrecer a los usuarios que estén en condiciones similares el mismo tratamiento y prestaciones idénticas.

b) **No discriminación:** prestar el servicio sin diferenciación de ningún tipo entre los usuarios que se encuentren en condiciones análogas, especialmente las derivadas de consideraciones políticas, religiosas, raciales, sexuales, culturales o ideológicas o de discapacidad.

c) **Continuidad:** no interrumpir ni suspender el servicio, salvo en casos de fuerza mayor y previa comunicación a la Comisión Nacional del Sector Postal, que podrá denegarla.

Por último, también estarían el **principio de buena fe** y **adaptación a las necesidades de los usuarios.**

Como se ha señalado, el operador al que se ha encomendado la prestación del servicio postal universal está obligado, respecto a los servicios incluidos en él, a realizar, todos los días laborales y por lo menos cinco días por semana:

a) Una recogida en los puntos de acceso, como son los buzones a disposición del público instalados en la vía pública, locales u otras instalaciones.

b) Una distribución y entrega al domicilio de cada persona física o jurídica.

1.8. Gestión de albaranes. Sistema GANES y Oficina Virtual

El sistema GANES es una aplicación de ordenador off line que Correos pone a disposición de los clientes con contrato. Esta aplicación permite generar un albarán en formato PDF, que facilita al cliente la entrega de sus envíos en las oficinas de Correos.

— **Requisitos técnicos para ejecutar GANES**

- Para ejecutar GANES es necesario tener instalado el software de Java.

- Para imprimir los albaranes es necesario tener instalado Acrobat Reader.

- Disponible para Windows, Mac OS, UNIX y Solaris.

— **¿Cómo es el proceso?**

1. Preparar los envíos.

2. Confeccionar el albarán con GANES indicando el número de contra-to/cliente con Correos, el número de envíos y sus modalidades.

3. Tener en cuenta que solo deben generarse albaranes de productos que se tengan contratados con Correos. Al tratarse de una aplicación Off-line, GANES permite seleccionar multitud de productos distintos.

4. Imprimir el albarán por duplicado, para cada tipo de producto (cartas or-dinarias, cartas certificadas, notificaciones,...).

5. Imprimir relación de envíos (en la que se detallarán los envíos con nombre de destinatario, localidad de destino y valores añadidos si los tuviese) por duplicado para envíos certificados.

— **Confección de Albaranes y prerregistro de envíos mediante Oficina Virtual**

Correos también ofrece la posibilidad de registrar online los albaranes de una forma más rápida y sencilla.

Solo hay que registrarse en la Oficina Virtual indicando a continuación contrato y cliente (dato necesario para clientes con contrato) y se accede a un entorno virtual denominado "Mi Oficina" desde el cual se podrá:

— Acceder a la aplicación ADO: Se imprimen albaranes de entrega para envíos ordinarios (con código de barras para su registro en Oficinas/Unidades de Admisión).

— Se dispondrá de un "Check" para envío de "Documentos" si queremos enviar certificados o notificaciones y otro para "Paquetería" si se quiere enviar paquetería (Estándar, Premium,... aquellos productos que se hayan contrata-do). Una vez detallados los envíos, se imprimirá el "Manifiesto de Envíos", que se deberá acompañar, por duplicado, al depósito de los envíos debida-mente etiquetados. Los envíos certificados y la paquetería que se prerregis-tren con este sistema no requieren de albarán de entrega.

— Opciones para el seguimiento de campañas contratadas, seguimiento de albaranes de entrega depositados en correos, información sobre envíos, elaboración de formularios online para depósitos masivos, son múltiples las opciones de la Oficina Virtual de Correos y están en continuo cambio y mejora.

2. Normativa para la distribución del correo interno y externo municipal

2.1. Correo en el Ayuntamiento de Madrid

En el Ayuntamiento de Madrid el servicio de correo interno y externo está centralizado en un organismo autónomo, Informática del Ayuntamiento de Madrid (IAM). Esto significa que todo correo que vaya dirigido al exterior del Ayuntamiento de Madrid pero también todo expediente, notificación, comunicación entre órganos del propio Ayuntamiento de Madrid debe pasar por las oficinas de este organismo autónomo.

Este organismo autónomo está dotado de una Oficina Postal y de la Oficina de Correo Interno Municipal. Por tanto, es este organismo el que dicta las Instrucciones o Resoluciones que afectan a la distribución del correo interno y externo municipal.

Dentro del correo postal corporativo hay que distinguir dos categorías principales:

a) **Correo externo.** Se trata del correo dirigido a toda la ciudadanía (personas físicas, jurídicas, organizaciones....) y a otras Administraciones Públicas. Su entrega y gestión se realiza de forma centralizada en al Oficina Postal Municipal sita en el IAM, calle Albarracín, 33.

b) **Correo interno.** Es el que se produce dentro del ámbito municipal y circula entre sedes municipales geográficamente dispersas. Su gestión se realiza de forma centralizada en la Oficina de Correo Interno Municipal (OCIM), sita en el IAM.

2.2. Distribución del correo interno municipal

2.2.1. Elementos que integran el correo interno municipal

El correo interno está integrado básicamente por:

— La documentación que recogen los Registros del Ayuntamiento (de Áreas de Gobierno, Juntas Municipales, Organismos Autónomos y Oficinas de Atención al Ciudadano) e incluye tanto la recibida por ventanilla como la que se recibe por el servicio postal y que, tras su anotación y carga en el Indice de cada Oficina, debe ser transportada físicamente a otro Registro del Ayuntamiento o a la Ventanilla Única de la Comunidad de Madrid.

— Los expedientes administrativos cuya tramitación deba continuar en Unidades ubicadas en otros edificios.

— Las notas interiores, tanto si son partes de expedientes administrativos, como si se trata de comunicaciones sueltas, que se remiten entre sí Unidades ubicadas en distintos edificios.

— El correo que viene de fuera del ámbito municipal y que el servicio de Correos entrega en alguna Unidad distinta de su destinatario final, por lo que tiene que redistribuirse.

Asimismo se considera correo interno, los envíos anónimos que, una vez abiertos en el Registro, se distribuyen a su destinatario final en caso de ser identificable.

2.2.2. Requisitos del correo interno municipal

Los datos obligatorios de destinatario y remitente son los siguientes:

— **Destinatario**: todos los envíos, tanto de expedientes administrativos como de documentación, deberán indicar con claridad en el sobre los siguientes datos del destinatario, que se consignarán en la parte inferior derecha del anverso:

  • La denominación completa de la unidad destinataria, expresada de acuerdo con la estructura del Directorio y de forma jerárquica, comenzando por el Área de Gobierno o Junta Municipal.

  • La dirección completa de la Unidad destinataria: calle, número, planta y código postal, y si fuera posible, Código de la unidad orgánica.

El nombre y apellidos del destinatario, con denominación del cargo o puesto que desempeña, es opcional, pero si se conocen, determinan la entrega por lo que, en su caso, se consignarán en el sobre de forma clara y completa.

— **Remitente**: todos los envíos tanto de expedientes administrativos como de documentación, deberán indicar con claridad en el sobre los siguientes datos del destinatario, que se consignarán en la parte superior izquierda del anverso del sobre, o en la solapa del reverso:

  • La denominación completa de la unidad remitente, expresada de acuerdo con la estructura del Directorio y de forma jerárquica, comenzando por el Área de Gobierno o Junta Municipal.

  • La dirección completa de la Unidad remitente: calle, número, planta y código postal, y si fuera posible, Código de la unidad orgánica.

La ausencia de alguno de estos requisitos obligará a la devolución del envío a la Unidad de origen para que la información sea completada por la citada unidad.

Se acompaña como Anexo un flujograma de procedimiento de la OCIM.

2.2.3. Remisión de expedientes administrativos y paquetes

Los expedientes deben prepararse para su envío de forma que vayan contenidos o bien dentro de un sobre o en paquete, formado con envoltorio consistente, cerrado. En el anverso del envío o en la carátula se indicarán:

— Número de expediente y, si es posible, dirección del emplazamiento.

— La denominación completa de la unidad remitente, expresada de acuerdo con la estructura del Directorio y de forma jerárquica, comenzando por el Área de Gobierno o Junta Municipal, y sus direcciones completas: calle, número, planta y código postal, y si fuera posible, Código de la unidad orgánica. Todos estos datos se consignarán en el sobre o en la carátula del paquete: los de la Unidad remitente en la parte superior izquierda y los de la Unidad destinataria en la parte inferior derecha.

— Si el envío se compone de varios paquetes, se hará constar en cada uno de ellos el número que tienen dentro del conjunto así como el número total de paquetes que componen el envío.

El índice de envío de documentos irá igualmente ensobrado y correctamente atado o pegado al paquete.

Los envíos que no reúnan alguno de estos requisitos no serán admitidos a curso a su distribución y se devolverán a la Unidad de origen.

En el Anexo puede observarse el flujograma completo.

2.2.4. Remisión de documentación

Toda la documentación debe prepararse para su envío siempre dentro de sobre cerrado, indicando en él los datos identificativos antes señalados.

En el caso de enviar hojas con índice de documentos, éstas deben igualmente ir ensobradas dentro del envío, así como en su caso, las hojas de "Recibí", que indicarán al identificación completa de la Unidad remitente a la que habrán de ser devueltas.

Es importante hacer hincapié que en ningún caso se admitirán documentos sueltos ni carpetas de firma (portafirmas) sin ensobrar.

Al igual que en los casos anteriores, la documentación que no observe dichos requisitos no se admitirá a curso para su distribución y se devolverá a la Unidad de origen.

2.2.5. Envío entre oficinas de Registro

Los envíos de expedientes administrativos y de documentación entre oficinas de Registro irán ensobrados o empaquetados. En el exterior del sobre o carátula del paquete se hará constar: el nombre y la dirección del Registro remitente en la parte superior izquierda; el nombre y la dirección del Registro

destinatario en la parte inferior derecha y se adjuntará la hoja de estadística (listado resumen diario del Registro) donde figurarán indexados el conjunto de envíos con sus anotaciones y que se han asignado a la misma oficina destinataria.

La inobservancia de estos requisitos, implicará que el envío no se admitirá a curso para su distribución y se devolverá a la Unidad de origen.

2.2.6. Separación del correo interno y del correo externo

El personal designado al efecto en las Unidades municipales deberá depositar el correo interno y el externo en sacas diferentes, cerradas y etiquetadas con la identificación "Interno" y "Externo".

Al final de la jornada dichas sacas quedarán depositadas en el punto de entrega para su recogida por la ruta al día siguiente. Es importante no cargar las sacas en exceso, siendo preferible formar varias de menor peso, con el objetivo de que cada saca quede convenientemente cerrada.

Los incumplimientos de estos requisitos serán comunicados a las Secretarías Generales Técnicas (en adelante, SGT) o Coordinadores respectivos.

El conductor recogerá exclusivamente las sacas en el único punto de entrega convenido. En ningún caso retirará documentación ni sobres de las mesas.

Con el objetivo de evitar posibles confusiones, las sacas con el correo distribuido por las rutas con destino a las distintas Unidades, se depositan en el punto de entrega convenido, siendo responsabilidad del personal de las SGT como de los Coordinadores de los Distrito, tanto de proceder a su retirada lo antes posible como de comenzar su reparto dentro del edificio.

2.2.7. Responsabilidades de la SGT/Coordinadores de Distrito

Deberán impartir las instrucciones y establecer los controles necesarios que garanticen el funcionamiento correcto del correo en los edificios sede de cada servicio, designando a un responsable por cada punto de entrega del correo.

Estos órganos cuidarán que todo el correo que se remite desde su sede y edificios dependientes a otras dependencias se tramite como correo interno municipal, no debiendo permitir en ningún caso que se tramite como correo externo certificado.

Cualquier cambio administrativo o de dirección de las Unidades deberá ser comunicado al IAM por los responsables, con la antelación suficiente, a fin de adaptar las rutas el sistema de distribución de los envíos.

2.2.8. Sellado de fecha de recepción de envíos en el punto de entrega

Será deseable que el responsable de cada punto de entrega recepcionase todos los envíos de correo interno que quedan depositados en su punto de entrega con un sello de fechas.

2.2.9. Envío en mano por ordenanzas o personal de oficios

Los envíos que, por su urgencia u otras razones, deba ser entregado en mano al destinatario, no se consideran correo interno y su traslado y entrega serán responsabilidad del personal de las SGT o Coordinación del Distrito debiendo señalar el sobre las palabras "En mano".

2.2.10. Envíos por mensajero

No se consideran correo interno por lo que la Unidad c del envío será la que hará seguimiento de su traslado y recepción.

2.2.11. Expedientes administrativos que los Tribunales de Justicia devuelven al Ayuntamiento y sus Organismos Autónomos

En ningún caso serán objeto de correo interno por la OCIM.

2.2.12. Envíos entre plantas dentro del mismo edificio

En ningún caso se consideran correo interno.

2.2.13. Plazos de entrega del correo interno

La fecha de entrega garantizada del correo interno por la OCIM y las rutas municipales será el día laborable siguiente a la fecha de recogida en el punto de entrega de cada Área/Distrito/Organismo Autónomo.

2.3. Distribución del correo externo

La normativa relativa al correo externo ya la hemos visto en el epígrafe 1 de este tema en tanto el servicio postal, correspondencia y notificaciones administrativas se rigen por las leyes señaladas al tratarse bien de un servicio público universal bien de un servicio en el mercado.

En cuanto al funcionamiento de la recogida, distribución, depósito, entrega del correo externo en el Ayuntamiento de Madrid y como hemos estudiado, el personal designado al efecto por las SGT o Coordinadores de Distrito en cada una de las unidades municipales deberá depositar el correo interno y el externo en sacas diferentes, cerradas y etiquetadas con la identificación "Interno" y "Externo".

Al final de la jornada, dichas sacas quedarán depositadas en el punto de entrega para su recogida por la ruta al día siguiente. Estas sacas son revisadas en la oficina postal que dispone el IAM y un organismo externo al Ayuntamiento de Madrid se encarga repartir ese correo externo.

Es decir, el Ayuntamiento establece las condiciones en las que quiere que se realice el reparto y entrega domiciliaria de la correspondencia, paquetes postales, notificaciones y otros servicios postales demandados por el Ayuntamiento y sus

organismos autónomos y que alcanza a los servicios de correspondencia ordinaria, publicorreo, burofax, correspondencia certificada, notificaciones administrativas, paquetes postales, telegramas, apartados de franqueo en destino y otros servicios postales.

La empresa externa (que se elige a través de la licitación de un contrato de servicios) realiza esa tarea de reparto y entrega domiciliaria de todas aquellas notificaciones, correspondencia y servicios antes citados. Ese operador externo distribuirá el correo externo municipal bajo las órdenes y la dirección del IAM.

Los trabajos que se contratan son la recogida, admisión, clasificación, transporte y entrega en el domicilio de los destinatarios de los objetos postales antes señalados y que provienen no solo del Organismo Autónomo Informática del Ayuntamiento de Madrid que recoge todos los objetos postales del Ayuntamiento para distribuir al exterior sino también del Organismo Autónomo Agencia Tributaria Madrid y que engloba todas las notificaciones tributarias.

La empresa realizará la recogida de los objetos postales en las dependencias de la sede del IAM y de la ATM (c/ Sacramento, 1, 3 y 5) en días laborables y en horario con carácter general de 8 a 14 horas.

En este sentido, el IAM dispone de un sistema de albaranes para el control económico y seguimiento del envío y la empresa colaboradora deberá disponer asimismo de un sistema web para el control y reporte al Ayuntamiento de Madrid. Ese contrato que suscribe el IAM en nombre del Ayuntamiento de Madrid con un tercero establecerá todas las condiciones de reparto y entrega así como los precios para la entrega.

3. La atención al público: acogida e información

3.1. Consideraciones previas

Cada día es mayor la preocupación de los Gobiernos por mejorar las relaciones entre las Administraciones y el público. Esta reforma o mejora de la gestión pública supone ahondar en la consideración de que la Administración es un servicio cuyo cliente es el público. Según nuestra Constitución (art. 103.1), *"la Administración Pública sirve con objetividad los intereses generales"*.

Para la Organización de Cooperación y Desarrollo Económico (OCDE) hay que incluir, junto a los principios tradicionales del comportamiento de la Administración –eficacia, jerarquía, sometimiento a la Ley...– un nuevo valor o principio que denomina "receptividad administrativa" (Informe sobre la Administración al Servicio del Público. 1987).

Con el término "receptividad administrativa" se quiere hacer referencia al derecho del ciudadano a que la Administración:

— Sea comprensible, esto es, que su organización se entienda y su funcionamiento sea claro.

— Sea accesible en el plano espacial, temporal y material.

— Facilite el acceso a las prestaciones que el ciudadano tiene derecho a esperar de la misma.

La receptividad administrativa significa, en definitiva, la mejora de las relaciones de comunicación entre la Administración y el ciudadano; haciéndose especial hincapié en los derechos del mismo.

En este sentido, la OCDE reivindica el término de "cliente" para designar a los miembros de la sociedad con los que entra en contacto la Administración, y ello por lo siguiente:

— El término "cliente" abarca mayor número de categorías (en particular las empresas) que, por ejemplo, el término "ciudadano".

— El término "cliente" quiere resaltar el hecho de que este es un contribuyente. El cliente paga a través de los impuestos.

— Si se compara con términos más neutros, como "usuarios" o "administrado", por ejemplo, el término "cliente" sugiere una actitud más activa y exigente hacia el servicio público.

3.2. Acogida e información en general

3.2.1. La acogida

La acogida representa el contacto personalizado de la Administración a través de sus servidores –los funcionarios– con el ciudadano.

La acogida exige del funcionario:

— Escucha activa.

— Implicarse en la situación de necesidad del ciudadano, ponerse en su lugar. Esta actitud se denomina "empatía".

3.2.2. La información

La información es el objetivo de la atención.

La información ha de ser clara, expuesta de modo sencillo, huyendo de tecnicismos innecesarios.

La información ha de ser fiable, orientando adecuadamente al ciudadano con vistas a la solución de su caso.

3.3. Acogida e información según la legislación

3.3.1. Según la Ley 40/2015

Por su parte, la Ley 40/2015, de 1 de octubre, de Régimen Jurídico del Sector Público (LRJSP) establece que las Administraciones Públicas sirven con objetividad los intereses generales y actúan de acuerdo con los principios de

eficacia, jerarquía, descentralización, desconcentración y coordinación, con sometimiento pleno a la Constitución, a la Ley y al Derecho, debiendo respetar en su actuación y relaciones los principios de: servicio efectivo a los ciudadanos; simplicidad, claridad y proximidad a los ciudadanos y participación, objetividad y transparencia de la actuación administrativa.

Además en su art. 3.2 establece que las Administraciones Públicas se relacionarán entre sí y con sus órganos, organismos públicos y entidades vinculados o dependientes a través de medios electrónicos, que aseguren la interoperabilidad y seguridad de los sistemas y soluciones adoptadas por cada una de ellas, garantizarán la protección de los datos de carácter personal, y facilitarán preferentemente la prestación conjunta de servicios a los interesados.

3.3.2. Según la Ley 39/2015

El art. 14 de la Ley 39/2015, de 1 de octubre, del Procedimiento Administrativo Común de las Administraciones Públicas (LPA) recoge el derecho de los ciudadanos a relacionarse con las Administraciones Públicas por medios electrónicos, derecho que ya estaba regulado en la Ley 11/2007, de 22 de junio, de Acceso Electrónico de los Ciudadanos a los Servicios Públicos.

Según el citado artículo, las personas físicas podrán elegir en todo momento si se comunican con las Administraciones Públicas para el ejercicio de sus derechos y obligaciones a través de medios electrónicos o no, salvo que estén obligadas a relacionarse a través de medios electrónicos con las Administraciones Públicas. El medio elegido por la persona para comunicarse con las Administraciones Públicas podrá ser modificado por aquella en cualquier momento.

Reglamentariamente, las Administraciones podrán establecer la obligación de relacionarse con ellas a través de medios electrónicos para determinados procedimientos y para ciertos colectivos de personas físicas que por razón de su capacidad económica, técnica, dedicación profesional u otros motivos quede acreditado que tienen acceso y disponibilidad de los medios electrónicos necesarios.

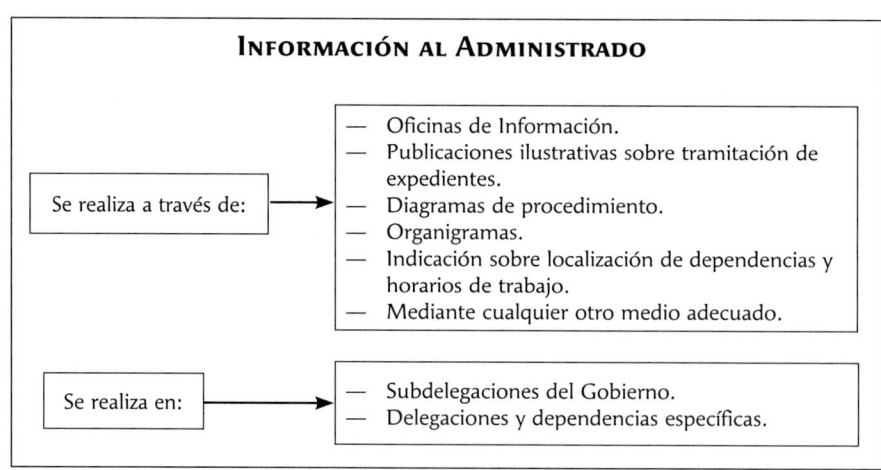

INFORMACIÓN AL ADMINISTRADO

Se realiza a través de:
— Oficinas de Información.
— Publicaciones ilustrativas sobre tramitación de expedientes.
— Diagramas de procedimiento.
— Organigramas.
— Indicación sobre localización de dependencias y horarios de trabajo.
— Mediante cualquier otro medio adecuado.

Se realiza en:
— Subdelegaciones del Gobierno.
— Delegaciones y dependencias específicas.

Estarán obligados a relacionarse a través de medios electrónicos con las Administraciones Públicas para la realización de cualquier trámite de un procedimiento administrativo, al menos, los siguientes sujetos:

a) Las personas jurídicas.

b) Las entidades sin personalidad jurídica.

c) Quienes ejerzan una actividad profesional para la que se requiera colegiación obligatoria, para los trámites y actuaciones que realicen con las Administraciones Públicas en ejercicio de dicha actividad profesional. En todo caso, dentro de este colectivo se entenderán incluidos los notarios y registradores de la propiedad y mercantiles.

d) Quienes representen a un interesado que esté obligado a relacionarse electrónicamente con la Administración.

e) Los empleados de las Administraciones Públicas para los trámites y actuaciones que realicen con ellas por razón de su condición de empleado público, en la forma en que se determine reglamentariamente por cada Administración.

El medio elegido por la persona para comunicarse con las Administraciones Públicas podrá ser modificado por aquella en cualquier momento

3.3.3. Según el Real Decreto 208/1996

De conformidad con lo dispuesto en el artículo 4 del Real Decreto 208/1996, de 9 de febrero, por el que se regulan los Servicios de Información Administrativa y Atención al Ciudadano. La atención personalizada al ciudadano comprenderá las funciones siguientes:

a) **De recepción y acogida a los ciudadanos**, al objeto de facilitarles la orientación y ayuda que precisen en el momento inicial de su visita, y, en particular, la relativa a la localización de dependencias y funcionarios.

b) **De orientación e información**, cuya finalidad es la de ofrecer las aclaraciones y ayudas de índole práctica que los ciudadanos requieren sobre procedimientos, trámites, requisitos y documentación para los proyectos, actuaciones o solicitudes que se propongan realizar, o para acceder al disfrute de un servicio público o beneficiarse de una prestación.

Esta forma de facilitar a los ciudadanos el ejercicio de sus derechos, en ningún caso podrá entrañar una interpretación normativa, ni consideración jurídica o económica, sino una simple determinación de conceptos, información de opciones legales o colaboración en la cumplimentación de impresos o solicitudes.

c) **De gestión**, en relación con los procedimientos administrativos, que comprenderá la recepción de la documentación inicial de un expediente cuando así se haya dispuesto reglamentariamente, así como las actuaciones de trámite y resolución de las cuestiones cuya urgencia y simplicidad demanden una respuesta inmediata.

ADAMS

d) **De recepción de las iniciativas o sugerencias formuladas por los ciudadanos**, o por los propios empleados públicos para mejorar la calidad de los servicios, incrementar el rendimiento o el ahorro del gasto público, simplificar trámites o suprimir los que sean innecesarios, o cualquier otra medida que suponga un mayor grado de satisfacción de la sociedad en sus relaciones con la Administración General del Estado y con las entidades de derecho público vinculadas o dependientes de la misma.

e) **De recepción de las quejas y reclamaciones de los ciudadanos por las tardanzas**, desatenciones o por cualquier otro tipo de actuación irregular que observen en el funcionamiento de las dependencias administrativas.

f) **De asistencia a los ciudadanos en el ejercicio del derecho de petición**, reconocido por los artículos 29 y 77 de la Constitución.

Las unidades de información administrativa orientarán a los ciudadanos sobre la naturaleza y el modo de ejercer este derecho, así como sobre las autoridades y órganos a los que hayan de dirigir sus escritos; sin perjuicio de ello, estas unidades deberán elevar a los órganos competentes las peticiones que reciban, en las que no figure el destinatario o conste erróneamente.

3.3.4. Las sugerencias y reclamaciones

Todas las personas físicas y jurídicas tienen derecho a presentar sugerencias, reclamaciones y felicitaciones sobre los servicios prestados por el Ayuntamiento de Madrid.

Las sugerencias, reclamaciones y felicitaciones no estarán sujetas al procedimiento administrativo común.

El Ayuntamiento de Madrid habilitará otros sistemas de gestión diferentes a las sugerencias y reclamaciones para la resolución de incidencias, avisos puntuales o demandas de servicio concretas.

Las sugerencias, reclamaciones y felicitaciones pueden ser:

a) De carácter general: relativas a cualquier servicio municipal, excluidos aquellas que tengan carácter tributario.

b) De carácter tributario: las relacionadas directa o indirectamente con procedimientos administrativos de naturaleza tributaria.

Las sugerencias, reclamaciones y felicitaciones podrán ser presentadas, a través de los distintos canales que el Ayuntamiento de Madrid ponga a disposición de la ciudadanía, preferentemente a través de su portal institucional "madrid.es".

Las sugerencias, reclamaciones y felicitaciones contendrán los datos que permitan la comunicación con las personas que las han presentado, así como el objeto de la sugerencia, reclamación o felicitación.

Se podrá solicitar aclaración de aquellas sugerencias, reclamaciones y felicitaciones cuyo objeto no sea comprensible o bien carezcan de los requisitos necesarios para su tramitación

3.4. Ordenanza de Atención a la Ciudadanía y Administración Electrónica

A través de Acuerdo del Pleno, de 26 de febrero de 2019, se aprueba la Ordenanza de Atención a la Ciudadanía y Administración Electrónica del Ayuntamiento de Madrid, que tiene como objeto regular la atención a la ciudadanía en el Ayuntamiento de Madrid.

También regula las condiciones y los efectos jurídicos de la utilización de los medios electrónicos en la actividad administrativa, en las relaciones entre el Ayuntamiento de Madrid, organismos públicos y entidades de derecho público, sociedades mercantiles y otras entidades de derecho privado vinculadas o dependientes del Ayuntamiento de Madrid.

Esta ordenanza se aprobó en el marco de lo que establecen las Leyes 39/2015, de 1 de octubre, del Procedimiento Administrativo Común de las Administraciones Públicas, y 40/2015, de 1 de octubre, de Régimen Jurídico del Sector Público, la Ley 22/2006, de 4 de julio, de Capitalidad y de Régimen Especial de Madrid y la Ley 7/1985, de 2 de abril, Reguladora de las Bases del Régimen Local.

3.4.1. Fines de la atención a la ciudadanía

La atención a la ciudadanía tiene como fines principales los siguientes:

a) Acercar el Ayuntamiento a la ciudadanía, con una relación fácil y cercana, así como, prestar una atención integral, independientemente del canal que se utilice.

b) Facilitar el acceso a la información administrativa, los trámites y los procedimientos administrativos.

c) Garantizar la veracidad de la información mediante el mantenimiento, actualización y validación por los órganos administrativos competentes.

d) Ofrecer una atención personalizada a la ciudadanía, para que puedan obtener información, datos y realizar gestiones y trámites administrativos.

3.4.2. Principios relativos a la atención a la ciudadanía

La atención a la ciudadanía se regirá por los siguientes principios:

a) **Principio de difusión de la información administrativa.** Garantiza el acceso a la información cuyo conocimiento sea relevante para la ciudadanía.

b) **Principio de usabilidad y accesibilidad.** Garantiza:

1º. El diseño de los servicios electrónicos centrado en las personas usuarias, de forma que se minimice el grado de conocimiento tecnológico necesario para el uso del servicio.

2º. El uso de sistemas sencillos que permitan obtener información de interés para la ciudadanía, de manera rápida, segura y comprensible.

3º. El uso de criterios unificados en la investigación y visualización de la información que permitan una mejor difusión informativa, siguiendo los criterios y los estándares internacionales y europeos de accesibilidad y tratamiento documental.

4º. La comprensión de los actos y documentos administrativos utilizando, en la medida de lo posible, un lenguaje fácil y culturalmente accesible de modo que dichos documentos queden intelectualmente al alcance de la mayoría de personas.

5º. La puesta a disposición de las ciudadanas y los ciudadanos con discapacidades o con dificultades especiales de los medios necesarios para que puedan acceder a la información administrativa a través de medios electrónicos, siguiendo los criterios y estándares generalmente reconocidos.

c) **Principio de exactitud de la información que se publique.** Garantiza, en el acceso a la información de forma electrónica, la obtención de documentos con el contenido idéntico, veraz, exacto y fiel al equivalente en soporte papel o en el soporte en que se haya emitido el documento original. La disponibilidad de la información en forma electrónica no debe impedir o dificultar la atención personalizada en las oficinas públicas o por otros medios tradicionales.

d) **Principio de actualización.** Garantiza la actualización de la información administrativa que sea accesible por canales electrónicos. En las publicaciones electrónicas constarán las fechas de actualización.

e) **Principio de comunicación clara.** Garantiza la comunicación de forma fácil, directa, transparente, simple y eficaz de la información relevante para la ciudadanía.

f) **Principio de gratuidad.** Garantiza el acceso a la atención ciudadana y a la información administrativa sin costes para quienes sean usuarias o usuarios del servicio o peticionarios de la información, sin perjuicio de las exacciones que puedan establecerse por la expedición de copias o soportes o la transposición de la información a un formato diferente al original.

g) **Principio de garantía de protección de datos de carácter personal.** Garantiza los derechos inherentes a la protección de los datos personales, estableciendo las medidas de seguridad que impidan cualquier trazabilidad personal no amparada por la finalidad o el consentimiento.

3.4.3. Canales de Atención al Ciudadano

La atención a la ciudadanía se prestará a través de los siguientes canales:

a) Las Oficinas de Atención a la Ciudadanía Línea Madrid.

b) El servicio telefónico 010.

c) El portal institucional del Ayuntamiento de Madrid "madrid.es".

d) La Sede Electrónica del Ayuntamiento de Madrid.

e) Los canales telemáticos de redes sociales, aplicaciones móviles y mensajería instantánea institucionales.

f) Las oficinas de atención especializada integradas por unidades administrativas que por razón de la materia el Ayuntamiento de Madrid y sus organismos públicos ponen a disposición de la ciudadanía.

g) Las oficinas de asistencia en materia de registro integradas por unidades administrativas creadas principalmente para prestar asistencia a la ciudadanía en la presentación de solicitudes, escritos y comunicaciones que vayan dirigidos a las Administraciones Públicas.

En el portal institucional del Ayuntamiento de Madrid se publicará y mantendrá actualizada en todo momento la relación de oficinas de atención a la ciudadanía así como el resto de canales.

La atención a la ciudadanía en el Ayuntamiento de Madrid tendrá una identidad corporativa única y homogénea.

La dotación en las oficinas de atención a la ciudadanía y en las de atención especializada de elementos que permitan óptimos niveles de usabilidad y accesibilidad, tales como: señalética que contenga contraste cromático adecuado sin reflejos ni deslumbramientos, así como tamaño idóneo de sus caracteres alfanuméricos; presencia de señalética en Sistema Braille y de soluciones dirigidas a personas con discapacidad intelectual; establecimiento de mensajes sonoros en paralelo a los visuales, para regulación de turnos de espera; dotación de pavimentos tacto-visuales y de planos tacto-visuales o sonoros con localización de servicios y actividades esenciales; sistemas que garanticen la información y comunicación a personas con discapacidad auditiva; sistemas de emergencia con información visual y sonora; mobiliario adecuado en cuanto a altura y características, para la correcta atención y comunicación; apoyos isquiáticos en vestíbulos, salas de espera y estancia.

3.4.4. Tipos de información

Los tipos de información son:

a) **Información administrativa:** que es la información general relativa al Ayuntamiento de Madrid y de los servicios que presta, objeto de la presente ordenanza. La información general se facilitará obligatoriamente a cualquier persona que la solicite, sin exigir para ello la condición de persona interesada en un procedimiento.

b) **Información pública:** es la que se refiere el artículo 19 de la Ordenanza de Transparencia de la Ciudad de Madrid, de 27 de julio de 2016, se regirá por lo dispuesto en su propia normativa.

Las ciudadanas y los ciudadanos podrán acceder a la información administrativa, a través de internet, en el portal institucional del Ayuntamiento de Madrid **"madrid.es"** y en la Sede Electrónica **"sede.madrid.es"** del Ayuntamiento de Madrid, de forma telefónica, en el teléfono 010 y presencialmente, en las oficinas de atención a la ciudadanía, en las oficinas de atención especializada y en las oficinas de asistencia en materia de registro.

El acceso de las interesadas y los interesados a los expedientes administrativos se regulará por su propia normativa.

3.4.5. Carácter de las informaciones emitidas

Las informaciones y orientaciones que suministre el sistema de atención a la ciudadanía serán claras y comprensibles, concretas, íntegras y adecuadas a la información solicitada. Además, no originarán derechos ni expectativas de derecho a favor de las personas solicitantes ni de terceras personas y no podrán lesionar derechos ni intereses legítimos de las personas interesadas u otras personas.

La información facilitada no podrá invocarse a los efectos de la interrupción o suspensión de plazos, caducidad o prescripción, ni servirá de instrumento formal de notificación.

Las contestaciones emitidas a las consultas tributarias y a las consultas urbanísticas tendrán los efectos que se determinan en la normativa que las regula.

4. Información general y particular al ciudadano

A nivel estatal, la regulación de la información general y particulas al ciudadano se contiene en el Capítulo I del **Real Decreto 208/1996, de 9 de febrero, por el que se regulan los servicios de información administrativa y atención al ciudadano.** En el Ayuntamiento de Madrid, la regulación específica de esta materia se recogía en el Decreto del Alcalde de 17 de enero de 2005, actualmente derogado por la Ordenanza de Atención a la Ciudadanía y Administración Electrónica, aprobada por el Pleno del Ayuntamiento el 26 de febrero de 2019, y que no regula de manera concreta estos tipos de información.

4.1. Concepto de información administrativa

La información administrativa es un cauce adecuado a través del cual los ciudadanos pueden acceder al conocimiento de su derechos y obligaciones y a la utilización de los bienes y servicios públicos.

4.2. La información general

4.2.1. Concepto

Es la información administrativa relativa a la identificación, fines, competencia, estructura, funcionamiento y localización de organismos y unidades administrativas; la referida a los requisitos jurídicos o técnicos que las disposiciones

impongan a los proyectos, actuaciones o solicitudes que los ciudadanos se propongan realizar; la referente a la tramitación de procedimientos, a los servicios públicos y prestaciones, así como a cualesquiera otros datos que aquellos tengan necesidad de conocer en sus relaciones con las Administraciones Públicas, en su conjunto, o con alguno de sus ámbitos de actuación.

4.2.2. Destinatarios

La información general **se facilitará obligatoriamente a los ciudadanos, sin exigir para ello la acreditación de legitimación alguna.**

Cuando resulte conveniente una mayor difusión, la información de carácter general deberá ofrecerse a los grupos sociales o instituciones que estén interesados en su conocimiento.

4.2.3. Medios de difusión

Se utilizarán los **medios de difusión** que en cada circunstancia resulten adecuados, potenciando aquellos que permitan la información a distancia, ya se trate de **publicaciones, sistemas telefónicos** o **cualquier otra forma de comunicación que los avances tecnológicos permitan.**

4.3. La información particular

4.3.1. Concepto y contenido

Es la concerniente al estado o contenido de los procedimientos en tramitación, y a la identificación de las autoridades y personal al servicio de la Administración General del Estado y de las entidades de Derecho público vinculadas o dependientes de la misma bajo cuya responsabilidad se tramiten aquellos procedimientos.

Igualmente podrá referirse a los datos de carácter personal que afecten de alguna forma a la intimidad o privacidad de las personas físicas. La información sobre documentos que contengan datos de esta naturaleza estará reservada a las personas a que se refieran.

4.3.2. Destinatarios

Esta información solo podrá ser facilitada a las personas que tengan la condición de interesados en cada procedimiento o a sus representantes legales.

4.4. Las funciones de atención al ciudadano

La atención personalizada al ciudadano comprenderá las funciones siguientes:

— **De recepción y acogida a los ciudadanos**, al objeto de facilitarles la orientación y ayuda que precisen en el momento inicial de su visita, y en particular la relativa a la localización de dependencias y funcionarios.

— **De orientación e información**, cuya finalidad es la de ofrecer las aclaraciones y ayudas de índole práctica que los ciudadanos requieran sobre procedimientos, trámites, requisitos y documentación para los proyectos, actuaciones o solicitudes que se propongan realizar.

— **De gestión**, en relación con los procedimientos administrativos, que comprenderá la recepción de la documentación inicial de un expediente cuando así se haya dispuesto reglamentariamente, así como las actuaciones de trámite y resolución de las cuestiones cuya urgencia y simplicidad demanden una respuesta inmediata.

— **De recepción de las iniciativas o sugerencias formuladas por los ciudadanos**, o por los propios empleados públicos para mejorar la calidad de los servicios, incrementar el rendimiento o el ahorro del gasto público, simplificar trámites o suprimir los que sean innecesarios.

— **De recepción de las quejas y reclamaciones de los ciudadanos por las tardanzas**, desatenciones o por cualquier otro tipo de actuación irregular que observen en el funcionamiento de las dependencias administrativas.

— **De asistencia a los ciudadanos en el ejercicio del derecho de petición**, reconocido por los arts. 29 y 77 de la Constitución.

5. Atención a personas con discapacidad sensorial, intelectual y enfermedad mental

5.1. Introducción: objeto y ámbito de aplicación del Real Decreto 366/2007, de 16 de marzo

La Constitución española recoge en los artículos 9.3 y 49 la responsabilidad de los poderes públicos de promover las condiciones para que la libertad y la igualdad del individuo y de los grupos en que se integran sean reales y efectivas. Así como la obligación de realizar una política de previsión, tratamiento, rehabilitación e integración de los disminuidos físicos, sensoriales y psíquicos, a los que prestarán la atención especializada que requieran y los ampararán especialmente para el disfrute de los derechos que el Título I, del mismo cuerpo legal, otorga a todos los ciudadanos.

El Real Decreto 366/2007, de 16 de marzo, por el que se establecen las condiciones de accesibilidad y no discriminación de las personas con discapacidad en sus relaciones con la Administración General del Estado, establece:

I. **Medidas de accesibilidad de las Oficinas de Atención al Ciudadano:**

1. Ubicación de las Oficinas de Atención al Ciudadano.

2. Acceso a las Oficinas de Atención al Ciudadano.

3. Recepción en las Oficinas de Atención al Ciudadano.

4.   Señalización interior de las oficinas.

5.   Configuración de los puestos de atención.

6.   Sistemas interactivos de información.

7.   Elementos accesorios en las Oficinas de Atención al Ciudadano.

II.   **Medidas para garantizar la accesibilidad en relación con los impresos y documentos administrativos.**

III.   **Medidas para garantizar la accesibilidad en la prestación de servicios de atención al ciudadano.**

5.1.1.   Objeto y ámbito de aplicación

El presente real decreto regula las condiciones de accesibilidad y no discriminación que, respecto de las personas con discapacidad, deben presentar las Oficinas de Atención al Ciudadano, impresos y cualquier otro medio que la Administración General del Estado dedica específicamente y en el ámbito de sus competencias a las relaciones con los ciudadanos.

A estos efectos, se consideran medios preferentes de relación con los ciudadanos, que deben cumplir las condiciones de accesibilidad, los siguientes:

a)   **Oficinas de Atención al Ciudadano:** dependencias o espacios físicos que la Administración General del Estado dedica exclusiva o prioritariamente al contacto directo con los ciudadanos y sus representantes a los efectos de obtención de información, orientación y asesoramiento sobre las prestaciones, servicios y procedimientos; la recepción de documentación, solicitudes y comunicaciones; la práctica de comparecencias personales de las personas interesadas o, por último, la realización de gestiones directamente relacionadas con las competencias o servicios de la Administración General del Estado.

b)   **Modelos normalizados:** impresos puestos por la Administración General del Estado a disposición de los ciudadanos para formular solicitudes, declaraciones, alegaciones, recursos o cualquier pretensión o manifestación de voluntad ante la misma.

Los restantes medios de la Administración General del Estado deberán cumplir las condiciones de accesibilidad contempladas en la normativa general que en cada caso resulte de aplicación, respetando en todo caso los principios de igualdad de oportunidades y no discriminación de las personas con discapacidad.

El art. 1.4 del Real Decreto 366/2007, de 16 de marzo, establece que en los términos previstos en el artículo 10 de la Ley 51/2003, de 2 de diciembre, de Igualdad de Oportunidades, No Discriminación y Accesibilidad Universal de las Personas con Discapacidad, las regulaciones contenidas en este real decreto son de aplicación a la Administración General del Estado y a sus organismos públicos vinculados o dependientes. Sin embargo, debe recordarse que esta Ley está hoy derogada y que el citado artículo 10 equivale al actual art. 23 (condiciones básicas de accesibilidad y no discriminación) del Real Decreto Legislativo 1/2013, de 29 de noviembre.

5.1.2. Principios y acciones de la Administración General del Estado en sus relaciones con los ciudadanos con discapacidad

El art. 2 del citado Real Decreto 366/2007, de 16 de marzo establece que, con arreglo a lo dispuesto en el segundo párrafo del apartado 1 de la disposición final quinta de la Ley 51/2003, de 2 de diciembre (recordemos que los conceptos recogidos en dicha Ley se regulan hoy en virtud del Real Decreto Legislativo 1/2013), la actuación de la Administración General del Estado asegurará a los ciudadanos con discapacidad la efectividad de sus derechos en sus relaciones con la Administración mediante:

a) La garantía de la igualdad de oportunidades, la no discriminación por razón de discapacidad y la accesibilidad universal.

b) La acción positiva para compensar las desventajas que estos ciudadanos en sus relaciones con la Administración pudieran presentar.

c) La adopción de medidas y la puesta a disposición de los ciudadanos con discapacidad, en su caso, de medios y apoyos humanos y materiales suplementarios a fin de que puedan ejercitar, regular y normalizadamente, los derechos que les asisten.

d) La eliminación y corrección de cualquier norma, criterio, instrucción, actuación, práctica o decisión que suponga una vulneración de la igualdad de oportunidades de las personas con discapacidad.

5.2. Accesibilidad en las Oficinas de Atención al Ciudadano

La Administración General del Estado, mediante Resolución de la Secretaría de Estado competente en materia de Administraciones Públicas, previa consulta con los Departamentos Ministeriales afectados, determinará las Oficinas que habrán de ajustarse a las condiciones de accesibilidad previstas y hará pública una relación de las mismas que estará, permanentemente actualizada, a disposición pública.

5.2.1. Ubicación de las Oficinas de Atención al Ciudadano

La Administración General del Estado ubicará las Oficinas de Atención al Ciudadano en entornos que garanticen el acceso de las personas con discapacidad.

A los efectos de lo dispuesto en el apartado anterior, las decisiones sobre ubicación de estas Oficinas tendrán en consideración las siguientes recomendaciones:

a) Con carácter preferente y siempre que resulte posible, la Oficina se ubicará en planta a nivel de la vía pública. En caso contrario, deberá disponer de rampas de acceso o ascensores con características que permitan su uso autónomo y seguro por personas con discapacidad.

b) La Oficina debe estar correctamente señalizada visualmente desde el exterior, de tal forma que sea fácilmente identificable. La señalización deberá ser diseñada de modo que resulte inteligible y comprensible por parte de las personas con discapacidad intelectual.

c) Al menos uno de los itinerarios que una los accesos de la Oficina con la vía pública, con los servicios o edificaciones anexas y con los aparcamientos, deberá ser accesible de acuerdo con las condiciones establecidas para un itinerario urbano accesible. A estos efectos se considera suficiente cumplir con los criterios establecidos en la Norma UNE 41510:2002 Accesibilidad en la Edificación. Espacios de Comunicación Horizontal.

d) Las Oficinas de Atención al Ciudadano, en el caso de disponer de plazas de aparcamiento, reservarán un número suficiente de plazas, convenientemente señalizadas, destinadas en exclusividad a personas con movilidad reducida, con dimensiones adecuadas para el acceso lateral y posterior a los vehículos, garantizando la existencia de itinerarios accesibles entre las plazas y la propia Oficina.

A las Oficinas de Atención al Ciudadano que presenten especialidades, bien por su carácter itinerante o ambulante, o bien por que se habiliten provisionalmente por razones del servicio fuera de una dependencia o entorno administrativo consolidado, se les aplicarán las singularidades o excepciones que sean necesarias, siempre que no supongan menoscabo de derechos de las personas con discapacidad.

5.2.2. Acceso a las Oficinas

Los accesos a las Oficinas de Atención al Ciudadano deberán diseñarse de modo que faciliten su utilización por las personas con discapacidad, en especial en lo relativo a las puertas, intercomunicadores y sistemas de aviso o llamada.

A los efectos de lo dispuesto en el apartado anterior, el diseño y ejecución de los accesos a las Oficinas tendrán en consideración las siguientes recomendaciones:

a) El espacio adyacente, tanto interior como exterior, a la puerta de acceso a la Oficina debe ser horizontal y no presentar obstáculos, permitiendo la aproximación y la apertura de la puerta de forma autónoma a todos los usuarios.

b) El suelo será continuo entre el espacio exterior e interior. Cualquier elemento en el suelo como canaletas de recogida de agua, felpudos, etc., estará enrasado con el pavimento.

c) Junto a la entrada principal, preferiblemente a la derecha de la puerta, un cartel indicará, en su caso, el número y letra del portal, además del uso, en casos de edificios de interés general. Dichos carteles tendrán buen contraste, diferenciación de textura o color, y se situarán a la altura adecuada.

d) Los intercomunicadores y sistemas de aviso o llamada serán accesibles, tanto por su modalidad de uso (texto y voz) como por su localización.

ADAMS

e) Las puertas de entrada serán accesibles a los usuarios, tanto por su sistema de apertura, corredera o abatible, por las dimensiones de su hueco de paso libre, por sus mecanismos de apertura y cierre y por las fuerzas de maniobra para ejercer la apertura. A estos efectos, se considera suficiente cumplir con el apartado 6 de la Norma UNE 41520: Accesibilidad en la Edificación. Espacios de comunicación vertical.

f) Las puertas automáticas deberán cumplir las especificaciones citadas en el punto anterior y, además, aquellas que eliminen los riesgos de atrapamiento o golpeo.

g) Si se dispone de puertas cortavientos, el espacio existente será tal que permita a todos los usuarios la maniobrabilidad, la aproximación y la apertura de las puertas.

h) Cuando las puertas sean acristaladas o de vidrios se protegerán de forma que se eviten roturas por impacto y se señalizarán mediante dos bandas horizontales de 20 centímetros de ancho, de contraste cromático con el resto de la superficie, colocada, la primera, a una altura entre 100 y 120 centímetros, y la segunda entre 150 y 170 centímetros. Se evitarán los cristales que produzcan reflejos en su superficie.

5.2.3. Recepción en las Oficinas de Atención al Ciudadano

Las zonas y sistemas de recepción de las Oficinas de Atención al Ciudadano, en particular los vestíbulos y sistemas de control de acceso y seguridad, deberán organizarse de modo que se garantice su utilización por las personas con discapacidad.

A los efectos de lo dispuesto en el apartado anterior, en el diseño y ejecución de las zonas y sistemas de recepción en las Oficinas se tendrán en consideración las siguientes recomendaciones:

a) Los sistemas de control de acceso no supondrán obstáculo para la circulación de personas con problemas de deambulación o usuarias de sillas de ruedas, ni para la circulación de personas que utilicen otros dispositivos de ayuda a la movilidad como perros-guía o de asistencia o bastón de movilidad. Tampoco deben interferir con dispositivos personales electromagnéticos tales como marcapasos y prótesis auditivas.

b) Cuando el sistema de seguridad o control de acceso no tenga las dimensiones suficientes para permitir el paso a personas en silla de ruedas, se tendrán previstas medidas o medios alternativos para pasar este control, de forma que la persona permanezca con su ayuda técnica.

c) Los sistemas de seguridad tienen que estar debidamente señalizados y ofrecer indicaciones precisas sobre qué se debe hacer en casos particulares, como sillas de ruedas, prótesis auditivas o marcapasos.

d) El vestíbulo de recepción se organizará de forma que facilite la orientación a los usuarios. A estos efectos, se señalizarán visual y táctilmente los recorridos que den acceso a las diferentes zonas y usos del edificio, a los núcleos de comunicación vertical, además de los accesos y salidas del inmueble.

e) Si la Oficina estuviera dotada de zona de espera, ésta contará con mobiliario concebido con arreglo a criterios de diseño para todos.

5.2.4. Señalización interior accesible

La señalización interior estará expuesta en un lugar cercano a la entrada o fácilmente localizable teniendo en cuenta los usos y las características de la dependencia y las siguientes recomendaciones:

a) Los paneles de información gráfica, permanente o temporal, estarán situados paralelamente a la dirección de la marcha y siempre que sea posible, adyacentes a alguna pared o superficie, de tal forma que no queden ocultos por ningún obstáculo, ya sea concurrencia de personas, puertas abiertas o mobiliario o elementos ornamentales o decorativos. No se protegerán con cristales y siempre permitirán el acercamiento para poder interactuar con los mismos.

b) El contenido de la información será conciso, básico y con símbolos sencillos, fácilmente comprensible, evitando toda información superflua.

c) La información relevante se dispondrá, al menos, en dos de las tres modalidades sensoriales: visual, acústica y táctil (altorrelieve o braille), para que pueda ser percibida también plenamente por las personas con discapacidad visual y auditiva.

d) La señalización visual se acompañará con símbolos o caracteres gráficos, preferentemente los símbolos estándar internacionales que amplían su comprensión. La señal debe diferenciarse del entorno. Se usarán los colores de mayor contraste entre figura y fondo en elementos como texto y soporte, soporte y paramento donde se ubica, puertas y picaportes, pasamanos y mecanismos, y las letras o números no deberán situarse sobre ilustraciones o fotografías que limitan el contraste y dificultan la discriminación.

e) A fin de atender a las personas que usan prótesis auditivas, la señalización acústica se adecuará a una gama audible y no molesta de frecuencias e intensidades, y se usará una señal de atención, visual y acústica previa al mensaje.

El nivel de presión sonora de los mensajes audibles debe superar al menos al nivel sonoro de fondo.

En la megafonía, se intentará conseguir un bajo nivel sonoro, pero bien distribuido en la estancia o edificio a través de numerosos altavoces de banda ancha, y bien distribuidos.

Se utilizará una señal de atención previa al mensaje.

ADAMS

La megafonía estará acondicionada con los bucles de inducción magnética y amplificadores de campo magnético necesarios para posibilitar la mejor audición a personas usuarias de audífonos.

Toda la información emitida por megafonía debe mostrarse también en paneles textuales bien visibles.

f)   La señalización táctil se proporcionará mediante texturas rugosas y caracteres o símbolos en altorrelieve y en braille.

g)   Los sistemas de recogida de número o cualquier sistema establecido para los turnos deben ser plenamente accesibles en su localización y manejo, y contar con medios de información visuales y sonoros.

h)   Los sistemas de aviso, incluyendo los de alarma o avisos de peligro, deben ser emitidos simultáneamente por medios sonoros y visuales fácilmente comprensibles y reconocibles.

5.2.5.   Configuración de los puestos de atención

Los puestos de atención se ubicarán de forma que sean fácilmente localizables y de manera que no obstruyan o entorpezcan la circulación en el edificio. Tanto si está dotado de personal de atención o es un punto de información que gestiona el propio usuario de forma autónoma, se diseñará de manera que permita la aproximación y uso a todos los usuarios.

A los efectos de lo dispuesto en el apartado anterior, en la configuración de los puestos de atención se tendrán en cuenta las siguientes recomendaciones:

a)   La altura de los mostradores y puntos de información debe ser adecuada para recibir a todo tipo de usuarios. Al menos una parte del mostrador o mesa de atención ha de estar a la altura de una mesa de trabajo, para atender a personas de diferentes alturas, usuarios de sillas de ruedas y muletas o, en general, personas que necesiten sentarse.

b)   El espacio de circulación inmediato a los mostradores y puntos de información debe estar libre de obstáculos y disponer del suficiente espacio de maniobra para que los usuarios de silla de ruedas puedan aproximarse a ellos.

c)   Los mostradores y puntos de atención no dispondrán de vidrios u otros obstáculos que dificultan la transmisión del sonido y la comunicación visual entre el usuario y el empleado.

d)   Los mostradores y puntos de atención deberán contar con sistemas de bucle de inducción magnética, debidamente señalizados, para permitir a las personas usuarias de prótesis auditivas la mejor audición y comprensión posibles.

e)   Los puntos con información telefónica, así como cualquier tipo de servicio de atención telefónica al ciudadano, estarán dotados con sistemas de telefonía de texto, de fax y, de permitirlo técnicamente, de videotelefonía para facilitar la lectura labial. Asimismo el personal deberá estar formado y conocer su correcta utilización.

5.2.6. Sistemas interactivos de información

Los puntos de información que no estén atendidos directamente por personal estarán dotados de sistemas de información complementaria tales como paneles gráficos, sistemas audiovisuales y planos táctiles.

A los efectos de lo dispuesto en el apartado anterior, en la configuración de los sistemas de información complementaria se tendrán en cuenta las siguientes recomendaciones:

a)   Su ubicación será accesible y fácilmente localizable.

b)   Su altura y demás dimensiones deberán ser las adecuadas para un uso normalizado por todo tipo de personas con discapacidad. Deberá asegurarse su interacción regular con personas con dificultades de manipulación.

c)   Toda la información en formato texto debe estar también en modo sonoro.

d)   Toda la información sonora debe estar transcrita en formato texto.

e)   Los dispositivos audiovisuales que se empleen deben contar con sistemas de amplificación y mejora de la señal auditiva.

f)   Debe existir confirmación con mensajes sonoros de todas las acciones activadas.

g)   Los mandos, el teclado y los botones deberán estar adaptados con etiquetas o iconos de alto contraste, letras grandes, en altorrelieve y braille.

h)   Las pantallas deben ser antirreflectantes y tener buen contraste.

i)   La información debe ser clara, sin demasiadas opciones en una misma pantalla y permitir un dilatado tiempo de respuesta.

j)   Las pantallas táctiles tendrán un sistema alternativo de acceder a la información para todas las personas que lo precisen. Este sistema se basará en la verbalización de las distintas opciones de información y se activará mediante la pulsación de un área sensible al tacto situado en la parte inferior izquierda y etiquetado con la expresión «uso fácil» que una vez pulsada informará con breves instrucciones sobre cómo utilizar el sistema.

5.2.7. Elementos complementarios de accesibilidad en las Oficinas de Atención al Ciudadano

Las Oficinas de Atención deberán contar al menos con un área higiénico-sanitaria accesible, para cuya configuración se tendrán en cuenta las características y especificaciones técnicas a las que se refiere la disposición final segunda de este real decreto.

En la colocación del pavimento en las Oficinas de Atención se tendrán en consideración las características y especificaciones técnicas a las que se refiere la disposición final segunda de este real decreto.

Los sistemas de seguridad contra incendios de los que dispongan las Oficinas de Atención seguirán los criterios y especificaciones técnicos a los que se refiere la disposición final segunda de este real decreto.

5.2.8. Excepciones

El artículo 11 del Real Decreto 366/2007, de 16 de marzo establece que las condiciones de accesibilidad y no discriminación establecidas en el presente capítulo podrán ser parcialmente exceptuadas cuando en el edificio en el que se ubique la Oficina, o en su entorno, concurran circunstancias de infraestructura o protección del patrimonio que hagan su aplicación imposible material o económicamente.

La Administración General del Estado, mediante Resolución de la Secretaría de Estado de Administraciones Publicas, establecerá las excepciones a las que se refiere el presente artículo. En todo caso, las circunstancias mencionadas en el apartado anterior deberán quedar reflejadas en la correspondiente resolución.

Las excepciones a las que se refiere este artículo se atenderán en todo caso a los criterios expresados en la letra c) y en el antepenúltimo párrafo del artículo 7 de la Ley 51/2003, de 2 de diciembre, que define lo que se entiende por ajuste razonable y carga desproporcionada". Sin embargo, hoy, dicha afirmación debe entenderse realizada a los arts. 2 y 66 del Real Decreto Legislativo 1/2013, de 29 de noviembre.

5.3. Condiciones de accesibilidad en los impresos y documentos

5.3.1. Disponibilidad de documentos e impresos

Se garantizará la disponibilidad de los documentos e impresos destinados al ciudadano en condiciones de plena accesibilidad para personas con discapacidad, mediante su ubicación en estantes, dispensadores u otro mobiliario que permitan la máxima autonomía de estas personas para obtenerlos.

A requerimiento de la persona con discapacidad, se ofrecerán en formatos alternativos utilizando tipografías grandes o ampliadas, en braille, o bien se contará con personal de apoyo para facilitar su cumplimentación.

Además, los documentos e impresos deberán estar en todo caso disponibles en las correspondientes páginas web y en formato electrónico accesible.

5.3.2. Accesibilidad del contenido y estructura de documentos e impresos

Los documentos e impresos estarán redactados con un lenguaje simple y directo, sin que se utilicen siglas o abreviaturas. Los documentos básicos de información de uso más habitual deberán contar con versiones simplificadas para personas con discapacidades intelectuales o problemas de comprensión escrita.

En los impresos destinados a cumplimentación por los ciudadanos se reservarán espacios apropiados en tamaño para ser rellenados con comodidad y se evitará la utilización de fondos con dibujos y tintas que presenten poco contraste. Deberán ir acompañados de instrucciones claras y concisas.

5.4. Condiciones de accesibilidad en la prestación de servicios de atención

En la prestación de servicios verbales de atención al ciudadano a través de interlocución personal presencial o por medio del canal telefónico o análogo, se seguirán las especificaciones técnicas de accesibilidad que mediante orden ministerial conjunta y previa consulta con los Departamentos Ministeriales, adoptarán los Ministros correspondientes en Administraciones Públicas y en Discapacidad, previa audiencia del Consejo Nacional de la Discapacidad.

En la formación del personal de la Administración General del Estado encargado de la prestación de servicios de atención al ciudadano se atenderá especialmente al conocimiento de las distintas discapacidades y sus consecuencias en el desarrollo de los servicios de atención, en el trato e interacción con las personas con discapacidad y en el uso de medios auxiliares facilitadores de dicho trato.

Por último, debemos indicar que al amparo de la Disposición Transitoria única del presente Real Decreto, la Secretaría de Estado competente en materia de Administraciones Públicas previa consulta con los Departamentos Ministeriales afectados, determinará las Oficinas de Atención al Ciudadano existentes a la entrada en vigor del presente real decreto, que deberán cumplir las condiciones previstas en su capítulo segundo (accesibilidad en las Oficinas de Atención al ciudadano) con anterioridad al 4 de diciembre de 2012. A estos efectos, se establecerá un calendario de adaptación gradual de las Oficinas, que será objeto de actualización y seguimiento periódico.

5.5. El Real Decreto 1494/2007, de 12 de noviembre, por el que se aprueba el Reglamento sobre las condiciones básicas para el acceso de las personas con discapacidad a las tecnologías, productos y servicios relacionados con la sociedad de la información y medios de comunicación social

El objeto de este reglamento es establecer los criterios y las condiciones que se consideran básicos para garantizar el acceso de las personas con discapacidad a las tecnologías, productos y servicios de la sociedad de la información y de cualquier medio de comunicación social, de acuerdo con los principios de igualdad de oportunidades, no discriminación y accesibilidad universal.

Las administraciones públicas, los operadores de telecomunicaciones, los prestadores de servicios de la sociedad de la información y los titulares de medios de comunicación social que presten sus servicios bajo la jurisdicción española deberán cumplir las condiciones básicas de accesibilidad que se establecen en el presente reglamento.

Asimismo, los operadores deberán facilitar a los abonados con discapacidad visual que lo soliciten, en condiciones y formatos accesibles, los contratos, facturas, y demás información suministrada a todos los abonados.

5.6. Real Patronato sobre Discapacidad

El Real Patronato sobre Discapacidad fue creado, en su configuración actual, por la Ley 14/2000, de 29 de diciembre, de Medidas Fiscales, Administrativas y de Orden Social (art. 57).

Se configura como un organismo autónomo, que tiene como misión promover la prevención de deficiencias, la rehabilitación y la inserción social de las personas con discapacidad; facilitar, en esos ámbitos, el intercambio y la colaboración entre las distintas Administraciones públicas, así como entre éstas y el sector privado, tanto en el plano nacional como en el internacional; prestar apoyos a organismos, entidades, especialistas y promotores en materia de estudios, investigación y desarrollo, información, documentación y formación, y emitir dictámenes técnicos y recomendaciones sobre materias relacionadas con la discapacidad.

El Real Patronato sobre Discapacidad sucederá al Real Patronato de Prevención y Atención a Personas con Minusvalía en el ejercicio de las funciones que desarrolla.

Anexo

Guion-resumen

Objetos prohibidos para circular por correo

Flujograma correo interno

Objetos prohibidos para circular por correo

A)   Objetos prohibidos

Existen distintos tipos de prohibiciones aplicables a los objetos enviados a través de Correos:

— Las prohibiciones propias de los distintos países derivadas de la regulación nacional en materia de importaciones.

— Las prohibiciones aplicables por los servicios postales de los distintos países (relativas a las mercancías cuya importación esté autorizada por ley pero prohibida por la normativa postal).

La aceptación por parte de Correos de un envío no conforme no eximirá al remitente de su responsabilidad. Los objetos que se indican a continuación están prohibidos independientemente de cuál sea el destino elegido. Correos no asumirá ninguna responsabilidad por los errores u omisiones relativos a dichos objetos, ya que la lista de mercancías es variable dependiendo en cada país de destino.

Se considerarán **objetos prohibidos** como envíos postales, aquellos cuya circulación no se permita por motivos de seguridad, de sanidad pública, utilidad general y de protección del servicio postal universal.

B)   Objetos prohibidos (art. 16 del Reglamento de Prestación de Servicios Postales, Real Decreto 1829/1999)

1.   Los productos sometidos a régimen de reserva y no provistos de autorización especial para circular por la red postal.

2.   El opio y sus derivados, la cocaína y demás estupefacientes y sustancias psicotrópicas, salvo si se envían con fines medicinales y acompañados de autorización oficial.

3.   Los envíos cuya envoltura o cubierta contenga textos o dibujos que vulneren cualquiera de los derechos fundamentales de la persona.

4.   Los envíos de armas, conforme a lo establecido en el Real Decreto 137/1993, de 29 de enero, por el que se aprueba el Reglamento de Armas.

5.   Las materias explosivas, inflamables y otras peligrosas, salvo las biológicas perecederas, intercambiadas entre laboratorios oficialmente reconocidos, y las radiactivas depositadas por expedidores debidamente autorizados.

6.   Los animales vivos, sin estar provistos de una autorización especial o ser intercambiados entre instituciones oficialmente reconocidas.

7.   Los objetos cuyo tráfico sea constitutivo de delito.

8. Los que se determine en convenios internacionales en los que España sea parte signataria.

9. Los objetos cuya naturaleza o embalaje puedan constituir un peligro para los empleados de los operadores postales que los manipulan o causar deterioro a otros envíos.

10. Los objetos cuya admisión o circulación esté prohibida en el país al que van destinados.

11. Los que se determine en convenios internacionales en los que España sea parte signataria.

Flujograma correo interno

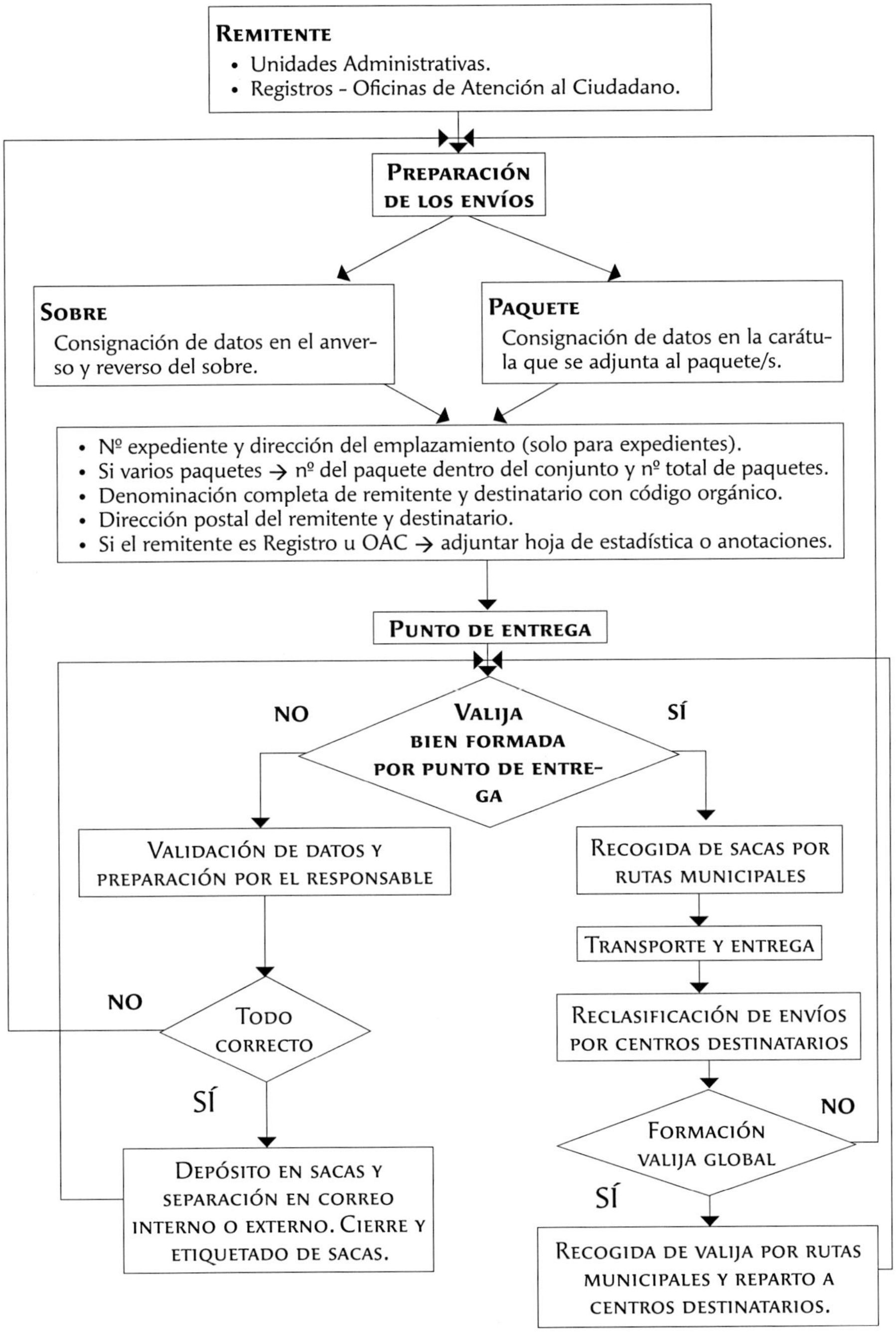

REMITENTE
- Unidades Administrativas.
- Registros - Oficinas de Atención al Ciudadano.

PREPARACIÓN DE LOS ENVÍOS

SOBRE
Consignación de datos en el anverso y reverso del sobre.

PAQUETE
Consignación de datos en la carátula que se adjunta al paquete/s.

- Nº expediente y dirección del emplazamiento (solo para expedientes).
- Si varios paquetes → nº del paquete dentro del conjunto y nº total de paquetes.
- Denominación completa de remitente y destinatario con código orgánico.
- Dirección postal del remitente y destinatario.
- Si el remitente es Registro u OAC → adjuntar hoja de estadística o anotaciones.

PUNTO DE ENTREGA

VALIJA BIEN FORMADA POR PUNTO DE ENTREGA

NO → **VALIDACIÓN DE DATOS Y PREPARACIÓN POR EL RESPONSABLE**

SÍ → **RECOGIDA DE SACAS POR RUTAS MUNICIPALES**

TODO CORRECTO

NO

SÍ → **DEPÓSITO EN SACAS Y SEPARACIÓN EN CORREO INTERNO O EXTERNO. CIERRE Y ETIQUETADO DE SACAS.**

TRANSPORTE Y ENTREGA

RECLASIFICACIÓN DE ENVÍOS POR CENTROS DESTINATARIOS

FORMACIÓN VALIJA GLOBAL

NO

SÍ → **RECOGIDA DE VALIJA POR RUTAS MUNICIPALES Y REPARTO A CENTROS DESTINATARIOS.**

9-59

Tema 10

Nociones básicas sobre seguridad en edificios municipales: señalización y seguridad. Planes de Emergencia y Evacuación en dependencias municipales. Nociones básicas de instalaciones eléctricas. Uso y funcionamiento de máquinas sencillas de reprografía.

Referencias Legislativas

- *Ley 17/2015, de 9 de julio, del Sistema Nacional de Protección Civil.*

- *Ley 31/1995, de 8 de noviembre, de Prevención de Riesgos Laborales.*

- *Real Decreto 485/1997, de 14 de abril, sobre Disposiciones mínimas en materia de Señalización de Seguridad y Salud en el Trabajo.*

Guion-resumen

1. Nociones básicas sobre seguridad en edificios municipales: Señalización y Seguridad

Los poderes públicos tienen la obligación de garantizar el derecho a la vida y a la integridad física, uno de los más destacados derechos fundamentales, proclamado en el artículo 15 de la Constitución española. Este derecho implica, entre otros, el deber de las Administraciones Públicas de garantizar la seguridad de los ciudadanos en todos los edificios. En base a esta obligación los poderes públicos dictan la correspondiente normativa.

El Ayuntamiento de Madrid, en cuanto que poder público, debe garantizar la seguridad de las personas en los edificios municipales. Esta obligación comprende tanto la adopción de medidas previas destinadas a la prevención y control de riesgos en su origen, como la actuación en las situaciones de emergencia que pudieran presentarse.

Esta protección viene referida no solo a los ciudadanos sino también a los trabajadores que prestan sus servicios en los edificios de propiedad municipal.

A continuación, exponemos las nociones básicas en materia de seguridad de edificios:

— **Protección civil:** la protección civil es un término amplio que abarca las actividades realizadas por el Estado y las Organizaciones de Protección Civil, para informar, proteger y preparar las formas de actuar y comportamiento de las personas frente al descontrol de la naturaleza, los riesgos y los desastres (catástrofes). Preparando una eficaz y coordinada respuesta ante una catástrofe o desastre.

— **Capacidad de reacción:** es el medio por el cual las personas o las organizaciones utilizan los recursos disponibles y la capacidad para hacer frente a las consecuencias adversas que podrían llevar a un desastre. En general, esto implica la gestión de los recursos, tanto en tiempos normales como en situaciones de crisis o condiciones adversas. El fortalecimiento de la capacidad de reacción por lo general se basa en la resistencia para soportar los efectos de los peligros naturales y los provocados por la humanidad.

— **Desastres (catástrofes):** un desastre es una situación que amenaza y causa daños graves y generalizados para el bienestar humano y el medio ambiente. Por lo general, supone la destrucción de la propiedad, lesiones y pérdida de la vida, afecta negativamente a un número relativamente importante; gran grupo de personas, es «público» y puede causar malestar en la comunidad en general.

Los desastres naturales son causados por fuerzas naturales, e incluyen eventos como terremotos, inundaciones, incendios forestales y erupciones volcánicas, mientras que en las personas son los desastres tecnológicos, químicos o nucleares, y pueden ser consecuencia de la negligencia humana, error o un fallo en un sistema tecnológico.

— **Respuesta a desastres (catástrofes):** es la suma de decisiones y acciones tomadas durante y después de los desastres, incluido el alivio inmediato, rehabilitación y reconstrucción.

— **Reducción del riesgo de desastres y prevención:** las actividades emprendidas para reducir la vulnerabilidad y el impacto sobre una

persona, la comunidad o la sociedad, mejorando su capacidad para hacer frente a los efectos de una emergencia o desastre.

— **Emergencia:** un acontecimiento repentino e imprevisto que normalmente exige medidas inmediatas para minimizar sus consecuencias adversas.

— **Primeros auxilios:** la atención sanitaria de inmediato, pero temporal proporcionada en el lugar, o tan pronto como sea posible, a las personas víctimas de un accidente o enfermedad repentina, a fin de tratar de evitar complicaciones, disminuir el sufrimiento y mantener la vida hasta la llegada de los servicios sanitarios de emergencia.

— **Gestión de emergencias:** la organización y gestión de los recursos y las responsabilidades para tratar todos los aspectos de las emergencias, en particular, preparación, respuesta y rehabilitación. La gestión de emergencias consiste en planes, estructuras y los mecanismos establecidos para realizar los esfuerzos normales de gobierno, organismos privados y voluntarios de una manera integral y coordinada para responder a todo el espectro de necesidades de emergencia. Esto también se conoce como gestión de catástrofes.

— **Peligros:** un evento físico potencialmente perjudicial, fenómeno o actividad humana que puede causar la pérdida de vidas o lesiones, daños materiales, perturbaciones sociales y económicas o degradación ambiental.

— **Mitigación:** las medidas adoptadas antes de una catástrofe y destinadas a reducir o eliminar su impacto en la sociedad y el medio ambiente.

— **Preparativos:** actividades y medidas adoptadas con antelación para garantizar una respuesta eficaz a los efectos de los peligros, incluido el suministro de alertas tempranas oportunas y eficaces y la evacuación temporal de personas y bienes en los lugares amenazados.

— **Prevención:** comprende las actividades destinadas a proporcionar una protección permanente ante los desastres. Incluye la ingeniería y otras medidas de protección física, y las medidas legislativas de control de uso de la tierra y planificación urbana.

— **Información y sensibilización del público:** el proceso de información y sensibilización de la comunidad en cuanto a la naturaleza del peligro y las acciones necesarias para salvar vidas y propiedades antes y en caso de que, se produzcan catástrofes.

— **Socorro:** de asistencia y/o intervención durante o después de las catástrofes para atender la preservación de la vida y las necesidades básicas de subsistencia. Puede ser de emergencia o de duración prolongada.

— **Riesgo:** la probabilidad de consecuencias dañinas o pérdidas esperadas (muertes, lesiones, propiedad, sustento, actividad económica interrumpida o daño ambiental) resultantes de la interacción entre las amenazas naturales o inducidas por la humanidad y las condiciones vulnerables. Convencionalmente, el riesgo se expresa mediante la notación: Riesgo = Amenaza × Vulnerabilidad.

Algunas disciplinas también incluyen el concepto de exposición para referirse en particular a los aspectos físicos de la vulnerabilidad.

Más allá de expresar una posibilidad de daño físico, es fundamental reconocer que los riesgos son inherentes o pueden ser creados o existen dentro de sistemas sociales. Es importante tener en cuenta los contextos sociales en que los riesgos se producen y que las personas no necesariamente comparten las mismas percepciones de riesgo y sus causas subyacentes.

— **Evaluación de riesgos:** es una metodología para determinar la naturaleza y el alcance del riesgo mediante el análisis de los peligros potenciales y evaluación de las actuales condiciones de vulnerabilidad que podrían representar una amenaza potencial o daño a las personas, los bienes, medios de subsistencia y el medio ambiente del que dependen.

2. Normativa aplicable en materia de seguridad y señalización

2.1. La Ley 17/2015, de 9 de julio, del Sistema Nacional de Protección Civil

El sistema nacional de protección civil define la protección civil como el servicio público que protege a las personas y bienes ante catástrofes y emergencias originadas de forma natural o por acciones humanas. El Sistema Nacional de Protección Civil garantiza una respuesta adecuada frente a estas catástrofes y emergencias (art. 1). Establece la Ley el derecho de todos los residentes en territorio español a ser atendidos en caso de catástrofe o emergencia y obliga al Gobierno a establecer un catálogo de las actividades de todo orden que puedan dar origen a una situación de emergencia y la obligación de las personas titulares de los centros, establecimientos y dependencias o medios análogos donde se realicen dichas actividades, de disponer de un sistema de autoprotección, dotado con sus propios recursos, para acciones de prevención de riesgos, alarma, evacuación y socorro.

De ahí que el Ayuntamiento de Madrid, en cuanto que titular de centros y dependencias deba aprobar un Plan de Autoprotección para cada uno de los edificios de su titularidad que estén ocupados por personas.

La prevención es uno de los fines prioritarios de la protección civil. Muchas de las políticas desarrolladas por las Administraciones Públicas, en tanto puedan afectar o condicionar la seguridad de las personas o los bienes, tienen objetivos preventivos. La ley propicia que todos estos esfuerzos se canalicen e integren a través de los órganos de coordinación que establece. La planificación, especialmente los planes de autoprotección, la formación del personal perteneciente al sistema de protección civil y singularmente la inclusión en los currículos escolares de contenidos sobre autoprotección y primeros auxilios, son instrumentos poderosísimos de prevención de carácter horizontal que la ley procura.

En consecuencia, la Ley del Sistema Nacional de Protección Civil establece la obligación de elaborar, implantar materialmente y mantener operativos los Planes de Autoprotección y determina el contenido mínimo que deben incorporar estos planes en aquellas actividades, centros, establecimientos, espacios,

instalaciones y dependencias que, potencialmente, pueden generar o resultar afectadas por situaciones de emergencia. Incide no solo en las actuaciones ante dichas situaciones, sino también y con carácter previo, en el análisis y evaluación de los riesgos, en la adopción de medidas preventivas y de control de los riesgos, así como en la integración de las actuaciones en emergencia, en los correspondientes Planes de Emergencia de Protección Civil.

El plan de autoprotección de una actividad es la documentación que recoge la información necesaria que sirva de guía no solo en la actuación en caso de emergencia sino también, y con carácter previo, para el análisis y evaluación de riesgos, la adopción de medidas preventivas y de control de estos. Como norma general deberán redactarlo todas aquellas actividades cuya ocupación supere las 2.000 personas.

La Norma Básica de Autoprotección de los centros, establecimientos y dependencias dedicados a actividades que puedan dar origen a situaciones de emergencia, aprobada por el Real Decreto 393/2007, de 23 de marzo, que establece el contenido de los Planes de Autoprotección así como el catálogo de actividades sometidas a Plan de Autoprotección y el contenido mínimo de éstos, ha sido derogada por Real Decreto 524/2023, de 20 de junio, por el que se aprueba la Norma Básica de Protección Civil. No obstante, la Norma Básica continuará aplicándose hasta tanto sea aprobado el nuevo instrumento de planificación que la sustituya, según establece el apartado 3 de la citada disposición.

Los planes de autoprotección son aprobados por el titular de la actividad, centro, instalación o proceso, debiéndose comunicar a la Administración Pública competente a efectos de su registro y para garantizar su integración con los planes de protección civil que sean de aplicación, conforme dispone el Real Decreto 524/2023, de 20 de junio, por el que se aprueba la Norma Básica de Protección Civil.

2.1.1. Obligaciones del Ayuntamiento de Madrid referidas a los planes de autoprotección

a) Elaborar el Plan de Autoprotección correspondiente a su actividad, de acuerdo a los criterios establecidos.

b) Desarrollar las actuaciones para la implantación y el mantenimiento de la eficacia del Plan de Autoprotección, de acuerdo a los criterios establecidos en la Norma Básica de Autoprotección.

c) Informar y formar al personal a su servicio en los contenidos del Plan de Autoprotección.

d) Realización de los simulacros previstos en el Plan de Autoprotección.

2.1.2. Obligaciones del personal de las actividades

El personal tendrá la obligación de participar, en la medida de sus capacidades, en el Plan de Autoprotección y asumir las funciones que les sean asignadas en dicho Plan.

2.2.   El Código Técnico de la Edificación (CTE)

El Código Técnico de la Edificación fue aprobado por Real Decreto 314/2006, de 17 de marzo. Es el instrumento normativo que fija las exigencias básicas de calidad de los edificios y sus instalaciones. A través de esta normativa se da satisfacción a ciertos requisitos básicos de la edificación relacionados con la seguridad y el bienestar de las personas, que se refieren, tanto a la seguridad estructural y de protección contra incendios, como a la salubridad, la protección contra el ruido, el ahorro energético o la accesibilidad para personas con movilidad reducida.

El CTE establece dichas exigencias básicas para cada uno de los requisitos básicos de seguridad estructural, seguridad en caso de incendio, seguridad de utilización y accesibilidad, higiene, salud y protección del medio ambiente, protección contra el ruido y ahorro de energía y aislamiento térmico, establecidos en el art. 3 de la Ley de Ordenación de la Edificación (LOE), y proporciona procedimientos que permiten acreditar su cumplimiento con suficientes garantías técnicas.

Cada edificio municipal dispone de un Libro de Edificio que contempla los requisitos y exigencias establecidas en el Código Técnico de la Edificación.

2.3.   La Ley 31/1995, de 8 de noviembre, de Prevención de Riesgos Laborales

La Ley 31/1995, de 8 de noviembre, de Prevención de Riesgos Laborales y el Real Decreto 39/1997, de 17 de enero, por el que se aprueba el Reglamento de los Servicios de Prevención, configuran el Plan de prevención de riesgos laborales como la herramienta a través de la cual se integra la actividad preventiva de la empresa en su sistema general de gestión y se establece su política de prevención de riesgos laborales.

Según lo dispuesto en el art. 2 del Real Decreto 39/1997, de 17 de enero, el Plan debe ser aprobado por la dirección de la empresa, asumido por toda su estructura organizativa, en particular por todos sus niveles jerárquicos, y conocido por todos sus trabajadores.

En este sentido, el Plan de prevención de riesgos laborales del Ayuntamiento de Madrid y sus Organismos Autónomos fue aprobado por la Junta de Gobierno del Ayuntamiento de Madrid el 29 de noviembre de 2020.

2.4.   Acuerdo de 26 de noviembre de 2020 de la Junta de Gobierno de la Ciudad de Madrid por el que se aprueba el Plan de Prevención de Riesgos Laborales del Ayuntamiento de Madrid y sus Organismos Autónomos

La Junta de Gobierno del Ayuntamiento de Madrid aprobó el pasado 29 de noviembre de 2020 el nuevo Plan de prevención de riesgos laborales del Ayuntamiento de Madrid y sus Organismos Autónomos, que ha sido objeto de negociación en la Mesa General de Negociación de Empleados Públicos del Ayuntamiento de Madrid y de sus Organismos Autónomos, en reunión de 11 de noviembre de 2020. Este Acuerdo se ha incorporado como Anexo IV al Acuerdo-Convenio sobre condiciones de trabajo comunes al personal funcionario y laboral del Ayuntamiento de Madrid y de sus Organismos Autónomos para el periodo 2019-2022, en sustitución del Plan de prevención anterior.

El Ayuntamiento de Madrid y sus Organismos Autónomos han optado por un modelo de seguridad integrado, como un conjunto coherente de actuaciones que se proyectan en una doble dimensión: horizontal sobre la técnica, la organización del trabajo, las condiciones de trabajo, las relaciones sociales, y los factores ambientales y vertical sobre la cadena jerárquica de mando, cualquiera que sea su nivel de responsabilidad.

Se persigue implantar un Sistema de Gestión de la Prevención de Riesgos Laborales, entendido como la una ordenación de actividades, recursos, procedimientos y medios que hace posible el cumplimiento estructurado y sistemático de la legislación vigente en materia de prevención de riesgos laborales, que sea eficaz y que procure el mejor aprovechamiento de los recursos humanos, materiales, estructurales y técnicos existentes. Dicho sistema deberá tener capacidad de integrarse con los Sistemas de Gestión de la Calidad y de la Gestión Medioambiental.

La política asumida por el Ayuntamiento de Madrid y sus Organismos Autónomos. en materia de prevención y, en particular, los objetivos fundamentales en dicha materia y los Principios que orientan la acción preventiva, entre otros, los siguientes:

— Mantener y desarrollar el Sistema de Gestión de Prevención de Riesgos Laborales (en adelante SGPRL) e implantar los procedimientos necesarios para llevar a cabo dicha gestión. Este SGPRL toma como referencia el Sistema de Gestión de Prevención de Riesgos Laborales de la Administración General del Estado.

— Elaborar y desarrollar procedimientos que deberán ser asumidos por cada una de las Áreas de Gobierno, Distritos Municipales y Organismos Autónomos del Ayuntamiento de Madrid, con el fin de facilitar a todas sus unidades administrativas la integración eficaz en el conjunto de sus actividades.

— Impulsar la realización de las evaluaciones iniciales de los riesgos para la seguridad y salud de los trabajadores, incluyendo los psicosociales, teniendo en cuenta, con carácter general, la naturaleza de la actividad, las características de los puestos de trabajo existentes y de los trabajadores que deban desempeñarlos.

— Promover el principio de igualdad entre mujeres y hombres, considerando las variables relacionadas con el sexo, tanto en los sistemas de recogida y tratamiento de datos como en el estudio e investigación generales en materia de prevención de riesgos laborales, con el objetivo de detectar y prevenir posibles situaciones de daños derivados del trabajo vinculados con el sexo del personal.

Los objetivos principales del Plan de Prevención, de acuerdo con la política preventiva que se desarrolla a lo largo del Plan, son los siguientes:

— Favorecer la mejora continua de las condiciones de trabajo respecto de todas y todos los trabajadores por igual, con especial atención a la prevención de las enfermedades profesionales y enfermedades relacionadas con el trabajo.

— Cumplir con los principios marcados en la política preventiva del Ayuntamiento de Madrid y sus Organismos Autónomos.

— Planificar la prevención, buscando un conjunto coherente que integre en ella la técnica, la organización del trabajo, las condiciones de trabajo, las relaciones sociales y la influencia de los factores ambientales en el trabajo.

— Implantar los procedimientos necesarios para llevar a cabo la gestión de la prevención de riesgos laborales, de manera eficiente.

— Dar a conocer la política en prevención de riesgos laborales, a través de acciones concretas, mediante su inclusión en las normas e instrucciones de seguridad que reciba el personal, en los programas de formación y de AYRE a través de un Plan de Acogida a todo el personal de nueva incorporación.

2.4.1. Ámbito de aplicación

El ámbito de aplicación del Plan afecta a la totalidad de centros y lugares de trabajo del Ayuntamiento de Madrid y sus Organismos Autónomos, así como a todo el personal que lleve a cabo su actividad en los mismos y que mantengan en dicho ámbito una relación contractual y/o estatutaria. El Plan es complementario a todo lo dispuesto en la Legislación vigente, cualquiera que sea el rango de la disposición, y de manera especial del Acuerdo-Convenio sobre condiciones comunes al personal funcionario y laboral del Ayuntamiento de Madrid y sus Organismos Autónomos. Respecto a las Empresas que prestan servicios o realizan obras para el Ayuntamiento de Madrid y sus OO.AA., cuya relación contractual sea concesión administrativa, contrata o subcontrata, se deberá verificar por la unidad de contratación correspondiente, que cumplen los requisitos a que vienen obligadas por la normativa vigente en Prevención de Riesgos Laborales.

2.4.2. Características de los centros de trabajo

Plantilla: Aproximadamente 27.000 empleados públicos. El número de centros de trabajo gestionados por el Ayuntamiento de Madrid supera los 1.600, en régimen de propiedad, arrendamiento, donación, etc. Todos los centros de trabajo se encuentran ubicados dentro del término municipal de Madrid, a excepción de: dos Almacenes en Coslada (almacén de mobiliario urbano y almacén de la Villa); un Centro de Interpretación y Educación Ambiental y una Caseta Almacén en Tres Cantos; un Centro de Educación en Cercedilla; una caseta de jardineros vestuario-almacén en Colmenar Viejo; un almacén de carrozas en Arganda del Rey y la Central de Comunicaciones del SAMUR, que se encuentra en Pozuelo de Alarcón. Todos estos municipios pertenecen a la Comunidad de Madrid. Se consideran Centros de trabajo todos aquellos en los que prestan sus servicios los empleados municipales del Ayuntamiento de Madrid y sus OO.AA., estén dentro o fuera del término municipal de Madrid.

2.4.3. Organización para la integración de la actividad preventiva en el Ayuntamiento

La estructura organizativa queda establecida en dos niveles:

— El Área de Gobierno de Hacienda y Personal, establecerá la política general de Prevención de Riesgos Laborales y asumirá, a través de la Dirección General de Función Pública, la Presidencia y la Secretaría del Comité de Seguridad y Salud.

— El Organismo Autónomo Madrid Salud, que por delegación de competencias de fecha 18 de junio de 2007 de la Junta de Gobierno de la Ciudad de Madrid, gestiona la Prevención de Riesgos Laborales del Ayuntamiento de Madrid y de sus Organismos Autónomos.

2.4.4. Funciones y responsabilidades en cada Área de Gobierno, Distrito y Organismo Autónomo

Corresponde a las Coordinaciones Generales, Secretarías Generales Técnicas de las Áreas de Gobierno, Direcciones Generales, Coordinaciones de Distrito y Gerencias de los Organismos Autónomos coordinar la gestión del Plan de Prevención de Riesgos Laborales, así como impulsar, controlar y supervisar el cumplimiento de las obligaciones derivadas del mismo, en el ámbito organizativo de su competencia. Los titulares de los centros directivos serán responsables del cumplimiento de las obligaciones en materia de prevención de riesgos laborales que establece la normativa vigente, así como de garantizar la seguridad y salud de las empleadas y empleados adscritos a sus respectivas unidades.

2.4.5. Obligaciones que afectan a todo el personal

Todo el personal que presta servicios en el Ayuntamiento de Madrid y sus Organismo Autónomos, dentro de su ámbito de competencia deben cumplir con las obligaciones contempladas en el Artículo 29 de la Ley 31/1995, de 8 de noviembre, por ello tienen la obligación de:

— Colaborar y poner en práctica las medidas que se adopten legal o reglamentariamente para prevenir los riesgos en el trabajo.

— Los letreros de señalización cumplirán lo establecido en las Normas UNE y en la guía técnica contenida en el Anexo I del Real Decreto 485/1997, de 14 de abril, sobre disposiciones mínimas en materia de señalización de seguridad y salud en el trabajo

— Usar adecuadamente, de acuerdo con su naturaleza y los riesgos existentes, las máquinas, equipos, herramientas, sustancias peligrosas y cualquier otro medio con los que desarrollen sus actividades.

— Utilizar correctamente los medios y equipos de protección facilitados por el Ayuntamiento o sus OO. AA, de acuerdo con las instrucciones recibidas.

— Cooperar para que el Ayuntamiento de Madrid y sus OO. AA., puedan garantizar condiciones de trabajo seguras y que no entrañen riesgos para la seguridad y salud de la plantilla municipal.

— Cumplir las medidas de prevención que en cada caso sean adoptadas, por su propia seguridad y por la de aquellas personas a las que pueda afectar su actividad profesional, a causa de sus actos u omisiones en el trabajo, de conformidad con su formación y las instrucciones recibidas.

— Conocer y cumplir la normativa, procedimientos e instrucciones que afectan a su trabajo, en particular a las medidas de prevención y protección.

— Formarán parte, cuando se les designe, de los equipos de emergencia que se determinen para planes de autoprotección y medidas de emergencia en los edificios municipales.

2.4.6. Organización para el asesoramiento y asistencia técnica con funciones específicas

La organización para el asesoramiento y asistencia técnica con funciones específicas en riesgo laborales corresponde a:

— Servicio de Prevención propio.

— Mutua de Accidentes de trabajo y enfermedades profesionales de la Seguridad Social. (Entidad Colaboradora de la Seguridad Social).

2.4.7. Órganos de representación

A) Comité de Seguridad y Salud

El Comité de Seguridad y Salud, cuya composición y normas de funcionamiento estarán recogidas en el Reglamento de Funcionamiento Interno del Comité de Seguridad y Salud del Ayuntamiento de Madrid y sus OO.AA., aprobado en fecha 27 de julio de 2020 o aquel que lo sustituya, es único para todo el Ayuntamiento de Madrid y sus OO.AA., y se configura como órgano paritario y colegiado de participación, destinado a la consulta regular y periódica de las actuaciones en materia de prevención de riesgos.

B) Comisión Permanente de Seguridad y Salud

La Comisión Permanente del Comité, dependiente del Comité, se reunirá con periodicidad mensual, salvo en los meses en que se reúna el Comité, así como en el mes de agosto, con la finalidad preparar y agilizar los trabajos sobre cuestiones generales o específicas a tratar por el Comité. Asimismo, podrá asumir todas aquellas cuestiones que éste le delegue para su estudio en profundidad.

ADAMS

Dará traslado de todas sus actuaciones al Comité, sin perjuicio de que aquellas que, excepcionalmente, deban ser realizadas con carácter urgente se ejecuten de forma inmediata.

C) Delegados y Delegadas de Prevención

Los Delegados y Delegadas de Prevención son los representantes del personal que tienen funciones específicas en materia de prevención de riesgos en el trabajo, siendo éstas las siguientes:

— Colaborar con el Ayuntamiento de Madrid y sus OO.AA. en la mejora de la acción preventiva.

— Promover y fomentar la cooperación de las y los trabajadores en la ejecución de la normativa sobre prevención de riesgos laborales.

— Canalizar la participación de las y los trabajadores en materia de seguridad y salud.

— Ser consultado por el Ayuntamiento de Madrid y sus OOAA, con carácter previo a su ejecución, acerca de las decisiones a que se refiere el art. 33 de la Ley de Prevención de Riesgos Laborales, en definitiva, cualquier acción que pueda tener efectos sustanciales sobre la seguridad y salud de los y las trabajadoras

— Ejercer una labor de vigilancia y control, sobre el cumplimiento de la normativa de Prevención de Riesgos Laborales.

Los recursos del Ayuntamiento de Madrid para llevar a efecto este Plan de Prevención son recursos humanos, técnicos, materiales y económicos.

2.4.8. Instrumentos de aplicación del plan de prevención: estrategia de evaluación de riesgos y planificación de la actividad preventiva

El primer principio general de la acción preventiva es evitar el riesgo (artículo 15.1 a) de la Ley 31/1995), debiendo evaluarse aquellos que no hayan podido ser evitados con carácter previo. La evaluación de los riesgos laborales es el proceso dirigido a estimar la magnitud de aquellos riesgos que no hayan podido evitarse, obteniendo la información necesaria para que el empresario esté en condiciones de tomar una decisión apropiada sobre la necesidad de adoptar medidas preventivas y, en tal caso, sobre el tipo de medidas que deben adoptarse, de conformidad con el artículo 3.1 Real Decreto 39/1997.

2.4.9. Documentación

La documentación que hay que tener a disposición de la Autoridad Laboral, en todo el ámbito del Ayuntamiento de Madrid y sus OO.AA., es la siguiente:

— Plan de Prevención de Riesgos Laborales.

— Evaluación de riesgos para la seguridad y la salud en el trabajo, incluido el resultado de los controles periódicos de las condiciones de trabajo y de la actividad de los empleados públicos.

— Planificación de la actividad preventiva, incluidas las medidas de prevención y protección a adoptar, y, en cuyo caso, el material de protección que deba utilizarse.

— Registro documental de entrega de EPIs, en caso de tenerlos.

— Relación del personal que se ha realizado los exámenes de salud y conclusiones obtenidas de los mismos (certificados de aptitud).

— Relación de los accidentes de trabajo y enfermedades profesionales que hayan causado al trabajador o trabajadora una incapacidad laboral superior a un día de trabajo.

— Certificación de los empleados públicos que han recibido formación en materia de prevención de riesgos laborales.

— Planificación y Memoria anual de actividades preventivas.

2.5. Señalización

2.5.1. Real Decreto 485/1997, de 14 de abril, sobre disposiciones mínimas en materia de señalización de seguridad y salud en el trabajo

Establece las siguientes clases de señalizaciones:

a) **Señalización de seguridad y salud en el trabajo:** una señalización que, referida a un objeto, actividad o situación determinadas, proporcione una indicación o una obligación relativa a la seguridad o la salud en el trabajo mediante una señal en forma de panel, un color, una señal luminosa o acústica, una comunicación verbal o una señal gestual, según proceda.

b) **Señal de prohibición:** una señal que prohíbe un comportamiento susceptible de provocar un peligro.

c) **Señal de advertencia:** una señal que advierte de un riesgo o peligro.

d) **Señal de obligación:** una señal que obliga a un comportamiento determinado.

e) **Señal de salvamento o de socorro:** una señal que proporciona indicaciones relativas a las salidas de socorro, a los primeros auxilios o a los dispositivos de salvamento.

f) **Señal indicativa:** una señal que proporciona otras informaciones distintas de las previstas en los párrafos b) a e).

g) **Señal en forma de panel:** una señal que, por la combinación de una forma geométrica, de colores y de un símbolo o pictograma, proporciona una determinada información, cuya visibilidad está asegurada por una iluminación de suficiente intensidad.

h) **Señal adicional:** una señal utilizada junto a otra señal de las contempladas en el párrafo g) y que facilita informaciones complementarias.

i) **Color de seguridad:** un color al que se atribuye una significación determinada en relación con la seguridad y salud en el trabajo.

j) **Símbolo o pictograma:** una imagen que describe una situación u obliga a un comportamiento determinado, utilizada sobre una señal en forma de panel o sobre una superficie luminosa.

k) **Señal luminosa:** una señal emitida por medio de un dispositivo formado por materiales transparentes o translúcidos, iluminados desde atrás o desde el interior, de tal manera que aparezca por sí misma como una superficie luminosa.

l) **Señal acústica:** una señal sonora codificada, emitida y difundida por medio de un dispositivo apropiado, sin intervención de voz humana o sintética.

m) **Comunicación verbal:** un mensaje verbal predeterminado, en el que se utiliza voz humana o sintética.

n) **Señal gestual:** un movimiento o disposición de los brazos o de las manos en forma codificada para guiar a las personas que estén realizando maniobras que constituyan un riesgo o peligro para los trabajadores.

Nota: al final del tema puede consultar los anexos siguientes:

— Anexo I Disposiciones mínimas de carácter general relativas a la señalización de seguridad y salud en el lugar de trabajo.

— Anexo II Colores de seguridad.

— Anexo III Señales en forma de panel.

— Anexo IV Señales luminosas y acústicas.

— Anexo V Comunicaciones verbales.

— Anexo VI Señales gestares.

— Anexo VII Disposiciones mínimas relativas a diversas señalizaciones.

2.5.2. Ordenanza de Prevención de Incendios del Ayuntamiento de Madrid, aprobada el 28 de junio de 1993

En lo que se refiere a la señalización e iluminación de las instalaciones para garantizar la seguridad en caso de incendio:

— Deben disponerse señales indicativas de dirección de recorridos de evacuación, frente o en toda salida de evacuación que debe servir en uso público a más de 50 personas de ocupación máxima previsible o que no sea claramente visible desde cualquier origen de evacuación.

— Los letreros de señalización cumplirán lo establecido en las Normas UNE.

— Todo medio de extinción de incendios de utilización manual, que no sea fácilmente visible desde algún punto de un local, debe ser señalizado de forma que se facilite su localización.

— En cualquier caso, la señalización distinguirá entre "SALIDA" y "SALIDA DE EMERGENCIA".

— Se señalizará como "SIN SALIDA" toda puerta que situada en camino de eva-cuación pueda por su situación inducir a error en el recorrido del camino.

— Se deberá disponer de alumbrado de emergencia en todo local de uso público, en vestíbulos de independencia, en recorridos de evacuación, en los locales donde se ubiquen actividades calificadas como peligrosas, locales donde se sitúan equipos generales de instalaciones comunes del edificio, y aparcamientos de más de cinco vehículos.

3. Planes de emergencia y evacuación en dependencias municipales

3.1. Concepto

Siguiendo con la obligación que ya expusimos y que tienen los poderes públicos de garantizar el derecho a la vida y a la integridad física recogida en el art. 15 de la Constitución española continuaremos con la protección civil.

Cuando en 1995 se aprobó la ley de Prevención de Riesgos Laborales, esta asentó las bases de la **obligación de elaborar los planes de emergencia.** Más adelante, en 2007 se publica **Norma Básica de Autoprotección (NBA)**, que viene a completar y sustituir a los planes de emergencia anteriores, ya que **incrementa su contenido y alcance.** Por ejemplo, **más allá de las medidas de emergencia, el plan de autoprotección realiza un análisis de la actividad y el centro y designa una estructura de actuación, propone distintas situaciones de emergencia y recoge las acciones específicas para cada una.** Por ello, las medidas de emergencia incluidas en los planes anteriores pasan a ser una parte de los planes de autoprotección actuales. Hay que recordar que la Norma Básica de Autoprotección ha sido derogada por Real Decreto 524/2023, de 20 de junio, por el que se aprueba la Norma Básica de Protección Civil si bien su contenido sigue siendo de aplicación en tanto se aprueba nueva Norma Básica de Autoprotección.

La protección civil está regulada en la Ley 17/2015, de 9 de julio, del Sistema Nacional de Protección Civil como servicio público que protege a las personas y bienes garantizando una respuesta adecuada ante los distintos tipos de emergencias y catástrofes originadas por causas naturales o derivadas de la acción humana, sea esta accidental o intencionada.

Los Planes de Protección Civil incluyen el Plan Estatal General, los Planes Territoriales, de ámbito autonómico o local, los Planes Especiales y los Planes de Autoprotección.

A los efectos de estudio de este tema nos limitamos a los Planes de Autoprotección que vienen definidos en el Real Decreto 524/2023, de 20 de junio, por el que se aprueba la Norma Básica de Protección Civil: los planes de autoprotección son los establecidos por los titulares de actividades, centros, establecimientos e instalaciones que puedan ocasionar riesgos de protección civil, incluidos los producidos por accidentes en instalaciones o procesos en los que se utilicen o almacenen sustancias químicas, biológicas, nucleares o radiactivas, y que incluyen el sistema de acciones y medidas que deben adoptar con sus propios medios y recursos, encaminadas a identificar, prevenir y controlar los riesgos sobre las personas y sus bienes y dar una respuesta adecuada a las posibles situaciones de emergencia, garantizando su integración con el sistema público de protección civil, de acuerdo con la Directriz Básica de Planificación de Autoprotección.

La Norma Básica de Autoprotección tiene como objeto el establecimiento de los criterios esenciales, de carácter mínimo, para la regulación de la autoprotección, para la definición de las actividades a las que obliga y para la elaboración, implantación material efectiva y mantenimiento de la eficacia del Plan de Autoprotección.

No todas las actividades ni los edificios municipales requieren de un Plan de Autoprotección, solo las que define la norma en su Anexo I, y **en concreto, en edificios de uso cultural, administrativo, o similar cuando el aforo en su conjunto sea superior a 2.000 personas.**

El Ayuntamiento de Madrid en cuanto titular de actividades, centros, establecimientos e instalaciones que pueden ocasionar riesgos de protección civil deberá aprobar el correspondiente Plan de Autoprotección para cada uno de aquellos cuyo aforo supere las 2.000 personas.

Por otro lado, **la Ley 31/1995, de 8 de noviembre, de prevención de riesgos laborales,** cuyo objeto ya estudiamos que es promover la seguridad y salud de los trabajadores mediante la aplicación de medidas y el desarrollo de las actividades necesarias para la prevención de riesgos derivados del trabajo, establece en su art. 20 que **es necesario que en toda actividad laboral se analicen las posibles situaciones de emergencia y se adopten las medidas necesarias en materia de primeros auxilios, lucha contra incendios y evacuación de los trabajadores (y usuarios),** designando para ello al personal encargado de poner en práctica estas medidas y comprobando periódicamente, en su caso, el correcto funcionamiento. También indica que el citado personal debe poseer la formación necesaria, ser suficiente en número y disponer del material adecuado, en función de las circunstancias.

En este sentido, hay que diferenciar entre:

— Planes de Emergencia.

— Planes de Autoprotección.

Los Planes de Emergencia, de acuerdo con lo establecido en la Ley 31/1995, de 8 de noviembre, de Prevención de Riesgos Laborales, son obligatorios en todos los centros de trabajo: los empresarios están obligados a establecer medidas de emergencia para garantizar un puesto de trabajo seguro. Más exactamente, el art. 20 de esta ley especifica que el plan debe "analizar las posibles situaciones de emergencia y adoptar las medidas necesarias en materia de primeros auxilios, lucha contra incendios y evacuación de los trabajadores, designando por ello al personal encargado de poner en práctica estas medidas y comprobando periódicamente, en su caso, su correcto funcionamiento". En este sentido, todos los centros de trabajo del Ayuntamiento de Madrid deben tener su Plan de Emergencia aprobado.

Los Planes de autoprotección, consisten en el conjunto de medidas –procedimientos, sistemas y organización– que se implementan en aquellos ámbitos expuestos a una o varias situaciones de riesgo, destinadas a prever, prevenir y controlar el riesgo, dar respuesta adecuada a las emergencias y garantizar la integración de estas actuaciones en las del sistema público. Estos ámbitos pueden ser: edificios, instalaciones, núcleos habitados, solares, actividades, centros, etc.

En **nuestro ámbito municipal** nos encontramos ante **dos situaciones**:

a)	Aquellos edificios y actividades con mayor riesgo por el aforo o la actividad que realizan y que se encuentran incluidos en el anexo I de la norma básica deberán contar con un Plan de Autoprotección (edificios de uso cultural, administrativo, o similar cuando el aforo en su conjunto sea superior a 2.000 personas).

b)	Resto de edificios y actividades será obligatorio contar con un plan o medidas de emergencia conforme a la ley de Prevención de Riesgos laborales.

El objetivo en ambos casos es similar: **analizar las posibles situaciones de emergencia que se pueden dar en el edificio, y adoptar las medidas necesarias para actuar en caso de emergencia**. Estas medidas se pueden clasificar en:

—	Medidas en materia de primeros auxilios.

—	Medidas en la lucha contra incendios.

—	Medidas para la evacuación de los trabajadores y personas que albergan los edificios.

Tanto el **Plan de Autoprotección como el Plan de Emergencia debe contar con un equipo de personas formado adecuadamente que pueda poner en práctica las medidas del plan y que compruebe periódicamente el correcto funcionamiento del mismo, ya sea con la realización de simulacros u otras actividades.**

El Plan de Autoprotección, en los casos en que sea obligatorio, o de Emergencia, en los restantes supuestos, debe ser un documento que no solo se elabora en un momento determinado, sino que hay que implantarlo (designar a los equipos, formarlos y ponerlo en práctica) mantenerlo y revisarlo para adaptarlo en todo momento a los cambios tanto físicos (del edificio) como de la actividad y aforos.

La elaboración, implantación, mantenimiento y **revisión es responsabilidad del titular de la actividad**. Por lo que en edificios municipales cuya actividad sea ejercida por el propio Ayuntamiento será el órgano directivo de esa dependencia el responsable del mismo.

En aquellos edificios municipales en los que la actividad sea dirigida por un tercero (escuela infantil, centro de día, etc) su elaboración, implantación, mantenimiento y revisión será responsabilidad del titular de la actividad (Comunidad de Madrid, empresa de gestión privada, etc), si bien el Ayuntamiento deberá exigir que se cumpla la norma.

El Plan de Autoprotección deberá ser elaborado por un técnico competente capacitado para dictaminar sobre aquellos aspectos relacionados con la autoprotección frente a los riesgos a los que esté sujeta la actividad.

En el caso de actividades temporales realizadas en centros, establecimientos, instalaciones y/o dependencias, que dispongan de autorización para una actividad distinta de la que se pretende realizar e incluida en el Anexo I, el organizador de la actividad temporal estará obligado a elaborar e implantar, con carácter previo al inicio de la nueva actividad, un Plan de Autoprotección complementario (en caso de eventos dentro de un edificio municipal, por ejemplo un campeonato organizado por la federación en un centro deportivo, un evento promovido por empresa privada en un auditorio municipal, etc.).

Elaborado el Plan de Autoprotección o Plan de Emergencia es fundamental llevarlo a la práctica y establecer y designar al personal encargado de poner en práctica estas medidas. Estos equipos serán proporcionales al aforo y tipo de actividad del centro. La designación del equipo de emergencia será realiza por el responsable del Plan de Autoprotección o emergencia quien deberá ofrecer también la formación adecuada para cada cometido. Cualquier persona puede ser designada como miembro del Plan de Emergencia siempre que se le ofrezca la correspondiente formación.

El equipo de actuación estará liderado por un **jefe de emergencia** que será el encargado de comprobar la emergencia y de dirigir y coordinar las actuaciones y comunicaciones con el exterior para una correcta gestión de la emergencia.

3.2. Composición de los equipos de emergencia

Para cada Plan de Autoprotección o Emergencia que apruebe el Ayuntamiento de Madrid, se designará un equipo de actuación.

El Director del equipo de emergencia o responsable será el órgano directivo correspondiente (Coordinadores de Distrito en las Juntas de Distrito, Secretaría General Técnica en las Áreas).

El equipo de emergencia estará liderado por un **jefe de emergencia** que será el encargado de comprobar la emergencia y de dirigir y coordinar las actuaciones y comunicaciones con el exterior para una correcta gestión de la emergencia. Contará para ello con:

— **Equipo de intervención (EPI):** liderado por un jefe de intervención que suplirá al jefe de emergencia en las situaciones que sean necesarias y será el encargado junto a su equipo de comprobar el origen de la emergencia (por ejemplo, el sensor que ha detectado el fuego) y la verificación de la alarma si es correcta o es falsa y abortar la situación de emergencia siempre en comunicación con el jefe de emergencia. El equipo de intervención debe además intentar en la medida de la posible y siempre con la máxima seguridad reducir o apagar el conato de incendio u origen de la emergencia, y para ello tiene que tener formación para la utilización de los medios de protección contra incendios como extintores.

— **Equipo de alarma y evacuación (EAE):** es el conjunto de personas que se ocupan de dirigir la evacuación controlada una vez el jefe de emergencia o jefe de intervención en su caso les ha confirmado la señal de alarma. Se suele organizar por plantas del edificio de forma que cada persona del equipo verifica que la salida se realiza por el recorrido correspondiente y que no queda nadie en cada uno de los despachos, salas y dependencias. Deben revisar en la emergencia todos los espacios que le han sido asignados comprobando que no queda nadie en su zona y que las personas evacuadas se dirigen al punto de encuentro. Una vez terminada la evacuación dará parte al jefe de emergencia o intervención.

— **Equipo de primeros auxilios:** personas encargadas de prestar los primeros auxilios a los lesionados por la emergencia y solicitar la ayuda al equipo médico si es necesario. Deben mantener en perfectas condiciones los botiquines del edificio para su utilización en caso de necesidad. Deben comunicarse con el jefe de emergencia e intervención para gestionar la correcta evacuación de las personas que necesiten ayuda.

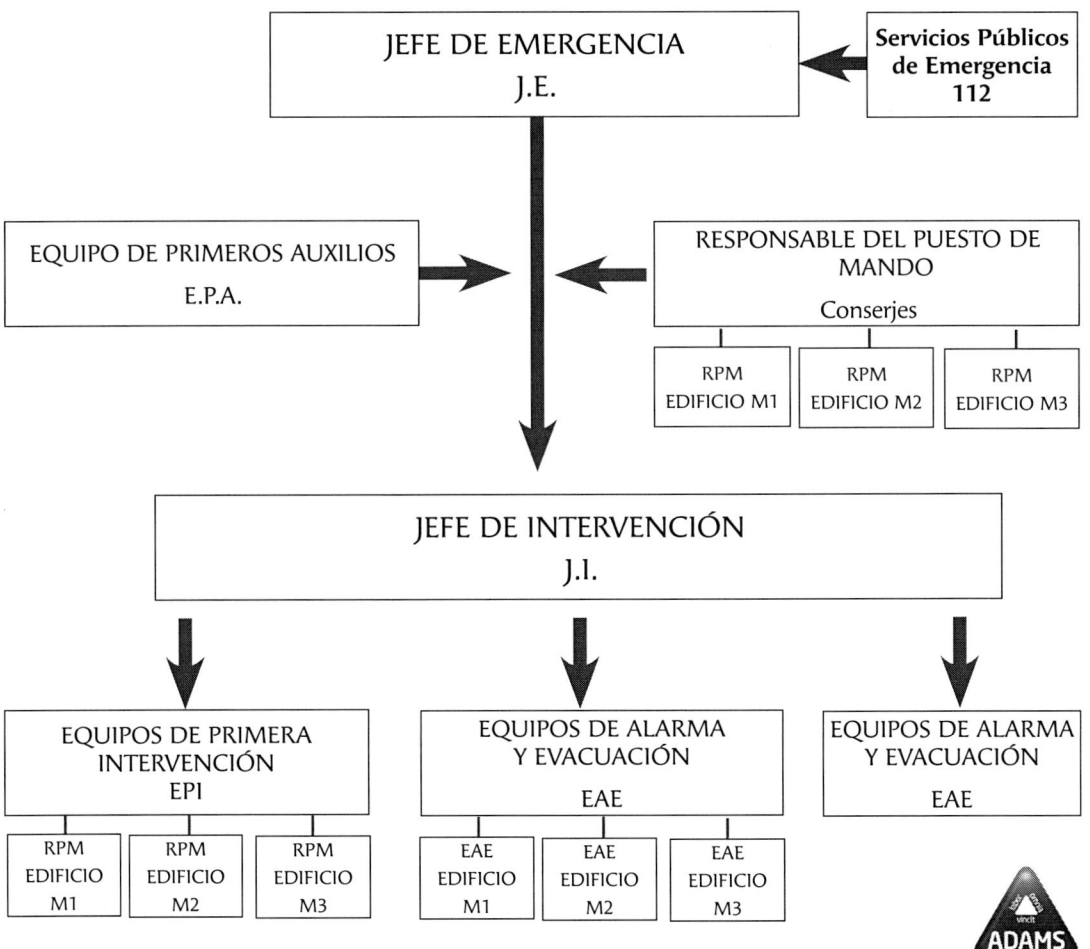

Una vez formados los equipos de emergencia se deberá realizar un simulacro para la implantación del plan, es decir, para comprobar que el sistema de medidas y personas se coordinan y funcionan para su correcta actuación ante un caso de emergencia.

Por tanto, un **simulacro** es un ensayo o ejercicio de adiestramiento práctico del modo de actuar en caso de emergencia, según lo previsto en el Plan de Emergencia o Autoprotección que deberá estar implantado en la Empresa o dependencia municipal, en cumplimiento de lo establecido en el artículo 20 "Medidas de emergencias" de la Ley 31/1995 de Prevención de Riesgos Laborales y Norma Básica de Autoprotección.

Su realización nos permite comprobar de manera real la adecuación de lo previsto en el plan a las necesidades existentes y sirve, en la mayoría de las ocasiones, para introducir mejoras tanto en los procedimientos establecidos como en los medios e instalaciones, porque generalmente se comprueba que se han pasado por alto muchos detalles, que solamente se pueden descubrir cuando se pone a prueba la capacidad de respuesta de las instalaciones y personas ante una emergencia.

La realización periódica de los simulacros, como mínimo una vez cada año, pretende en último término la activación del Plan de Emergencia o de autoprotección pueda hacerse sin previo aviso y en cualquier momento del día, con el resultado de una participación eficiente de todos los grupos de acción implicados, por la creación de unos hábitos de respuesta organizada y operativa a través del adiestramiento práctico.

3.3. Características específicas del Plan de Autoprotección y Emergencia y de la Evacuación de Edificios

Diferenciaremos entre Plan de Autoprotección, cuya labor principal es evitar o hacer desaparecer cualquier tipo de emergencia, el Plan de Emergencia contemplado en el mismo documento en los casos en que el riesgo es mayor. Finalmente, Evacuación de edificios que también se contempla en el mismo documento.

3.3.1. Plan de autoprotección

A) Concepto y objeto

El Plan de Autoprotección es el documento que establece el marco orgánico funcional previsto para un centro, establecimiento, espacio, instalación o dependencia, con el objeto de prevenir y controlar los riesgos sobre las personas y los bienes y dar respuesta adecuada a las posibles situaciones de emergencia, en la zona bajo responsabilidad de la persona titular de la actividad, garantizando la integración de estas actuaciones con el sistema público de protección civil.

Este Plan aborda la identificación y evaluación de los riesgos, las acciones y medidas necesarias para la prevención y control de riesgos, así como las medidas de protección y otras actuaciones a adoptar en caso de emergencia.

B) Contenido

El documento del Plan de Autoprotección incluirá todos los procedimientos y protocolos necesarios para reflejar las actuaciones preventivas y de respuesta a la emergencia.

C) Criterios para la elaboración del Plan de Autoprotección

Los criterios mínimos que deben observarse en la elaboración del Plan de Autoprotección son los siguientes:

1. El Plan de Autoprotección habrá de estar redactado y firmado por personal técnico competente capacitado para dictaminar sobre aquellos aspectos relacionados con la autoprotección frente a los riesgos a los que esté sujeta la actividad, y suscrito igualmente por la persona titular de la actividad, si es una persona física, o por persona que le represente si es una persona jurídica.

2. Se designará, por parte de la persona titular de la actividad, una persona como responsable única para la gestión de las actuaciones encaminadas a la prevención y el control de riesgos.

3. Los procedimientos preventivos y de control de riesgos que se establezcan, tendrán en cuenta, al menos, los siguientes aspectos:

   a) Precauciones, actitudes y códigos de buenas prácticas a adoptar para evitar las causas que puedan originar accidentes o sucesos graves.

   b) Permisos especiales de trabajo para la realización de operaciones o tareas que generen riesgos.

   c) Comunicación de anomalías o incidencias al o a la titular de la actividad.

   d) Programa de las operaciones preventivas o de mantenimiento de las instalaciones, equipos, sistemas y otros elementos de riesgo que garantice su control.

   e) Programa de mantenimiento de las instalaciones, equipos, sistemas y elementos necesarios para la protección y seguridad que garantice la operatividad de los mismos.

4. Se establecerá una estructura organizativa y jerarquizada, dentro de la organización y personal existente, fijando las funciones y responsabilidades de todos sus integrantes en situaciones de emergencia.

5. Se designará, por parte de la persona titular de la actividad, una persona responsable única, con autoridad y capacidad de gestión, que será el director o directora del Plan de Actuación en Emergencias.

6. El director o directora del Plan de Actuación en Emergencias será responsable de activar dicho plan de acuerdo con lo establecido en

el mismo, declarando la correspondiente situación de emergencia, notificando a las autoridades competentes de Protección Civil, informando al personal, y adoptando las acciones inmediatas para reducir las consecuencias del accidente o suceso.

7. El Plan de Actuación en Emergencias debe detallar los posibles accidentes o sucesos que pudieran dar lugar a una emergencia y los relacionará con las correspondientes situaciones de emergencia establecidas en el mismo, así como los procedimientos de actuación a aplicar en cada caso.

8. Los procedimientos de actuación en emergencia deberán garantizar, al menos:

— La detección y alerta.

— La alarma.

— La intervención coordinada.

— El refugio, evacuación y socorro.

— La información en emergencia a todas aquellas personas que pudieran estar expuestas al riesgo.

— La solicitud y recepción de ayuda externa de los servicios de emergencia.

D) Criterios para la implantación del Plan de Autoprotección

La implantación del Plan de Autoprotección comprenderá, al menos, la formación y capacitación del personal, el establecimiento de mecanismos de información al público y la provisión de los medios y recursos precisa para la aplicabilidad del plan.

A tal fin el Plan de Autoprotección atenderá a los siguientes criterios:

— Información previa. Se establecerán mecanismos de información de los riesgos de la actividad para el personal y el público, así como del Plan de Autoprotección para el personal de la actividad.

— Formación teórica y práctica del personal asignado al Plan de Autoprotección, estableciendo un adecuado programa de actividades formativas.

— Definición, provisión y gestión de los medios y recursos económicos necesarios.

E) Criterios para el mantenimiento de la eficacia del Plan de Autoprotección

1. Las actividades de mantenimiento de la eficacia del Plan de Autoprotección deben formar parte de un proceso de preparación continuo, sucesivo e iterativo que, incorporando la experiencia adquirida, permita alcanzar y mantener un adecuado nivel de operatividad y eficacia.

2. Se establecerá un adecuado programa de actividades formativas periódicas para asegurar el mantenimiento de la formación teórica y práctica del personal asignado al Plan de Autoprotección, estableciendo sistemas o formas de comprobación de que dichos conocimientos han sido adquiridos.

3. Se preverá un programa de mantenimiento de los medios y recursos materiales y económicos necesarios.

4. Para evaluar los planes de autoprotección y asegurar la eficacia y operatividad de los planes de actuación en emergencias se realizarán simulacros de emergencia, con la periodicidad mínima que fije el propio plan, y en todo caso, al menos una vez al año evaluando sus resultados.

5. La realización de simulacros tendrá como objetivos la verificación y comprobación de:

— La eficacia de la organización de respuesta ante una emergencia.

— La capacitación del personal adscrito a la organización de respuesta.

— El entrenamiento de todo el personal de la actividad en la respuesta frente a una emergencia.

— La suficiencia e idoneidad de los medios y recursos asignados.

— La adecuación de los procedimientos de actuación.

6. Los simulacros implicarán la activación total o parcial de las acciones contenidas en el Plan de Actuación en Emergencias.

F)   Vigencia del Plan de Autoprotección y criterios para su actualización y revisión

El Plan de Autoprotección tendrá vigencia indeterminada; se mantendrá adecuadamente actualizado, y se revisará, al menos, con una periodicidad no superior a tres años.

3.3.2.   El Plan de Emergencia

Es el conjunto de medidas de organización y planificación de la actuación humana para seguir en caso de emergencia, que permitan la utilización de forma óptima de los medios técnicos previstos, con el objetivo final de reducir al mínimo las posibles consecuencias humanas y/o económicas en caso de siniestro.

Tendrá que responder de forma clara, concreta y concisa a las preguntas: ¿qué se hará?, ¿quién lo hará?, ¿cuándo?, ¿cómo? y ¿dónde se hará?

De acuerdo a la disponibilidad del personal deben preverse planes de actuación diurno, nocturno, en días festivos y vacacionales.

A) Clasificación de las emergencias

En función de la gravedad de una emergencia, las dificultades existentes para su control y las posibles consecuencias que puedan derivarse, las situaciones de emergencia, con un nivel creciente de gravedad, se clasifican en:

— **Conato de emergencia:** accidente que puede ser controlado y dominado de forma fácil y rápida por los propios equipos y medios de protección del local. Genera una alarma denominada "restringida", que solo se comunica al jefe o jefa de emergencia.

— **Emergencia parcial:** accidente que requiere de la actuación de los equipos especiales de intervención (primera y segunda), y que se limita a un determinado sector de la empresa, sin afectar al resto de las instalaciones. Se corresponde con la llamada "alarma sectorial", que es transmitida a los y las ocupantes de la zona afectada y, si es necesario, a las colindantes, siempre bajo la supervisión del jefe o jefa de emergencia.

— **Emergencia general:** accidente que precisa de la actuación de todos los equipos y medios de protección propios, así como la ayuda de medios de socorro y salvamento exteriores. Implica una "alarma general" que puede suponer la movilización y alerta del personal de todo el edificio e incluso su evacuación según establezca el jefe o jefa de emergencia.

B) Acciones a seguir

En todo momento deben garantizarse las siguientes acciones:

— Alerta.

— Alarma.

— Intervención.

— Apoyo.

Supone la rápida puesta en funcionamiento de los equipos de primera intervención (EPI), así como la información al resto de equipos y a las instituciones de ayuda exteriores.

1. Implica la evacuación de las personas ocupantes del edificio.

2. Para el control de las emergencias.

3. Recepción e información a servicios de ayuda exterior.

C) Requisitos de los equipos de emergencia

1. Ser conscientes de los riesgos generales y particulares derivados de la actividad del centro.

2. Informar de las anomalías detectadas y verificar su corrección.

3. Conocer la existencia y forma de empleo de los medios materiales disponibles y cuidar de su mantenimiento.

4. Emprender acciones para eliminar de forma rápida posibles riesgos de emergencia, ya sean indirectas (dar la alarma) o directas (cortar corrientes eléctricas, cerrar llaves de paso de gas, aislar materias inflamables, etc.).

5. Combatir el fuego desde su inicio (dar la alarma y, hasta que lleguen refuerzos, intentar sofocarlo empleando medios de primera intervención).

6. Prestar primeros auxilios a personas accidentadas.

7. Coordinarse adecuadamente con integrantes de otros equipos para evitar o minimizar las consecuencias de una emergencia.

Constituyen los equipos de emergencia el conjunto de personas del propio centro de trabajo que han sido especialmente formadas, entrenadas y organizadas para desarrollar acciones de prevención y actuación en caso de emergencia.

La acción preventiva se basa en evitar la concurrencia de circunstancias que pudieran originar un accidente. En lo referente a acción protectora harán uso de los equipos e instalaciones disponibles, con el objeto de dominar o controlar la situación de emergencia hasta la llegada de ayuda exterior, procurando anular o reducir al mínimo el coste en daños humanos y/o económicos.

Con este objetivo los integrantes de los equipos de emergencia han de cumplir un conjunto de firmes requisitos.

Los equipos de emergencia contarán con:

a) **Equipos de alarma y evacuación (EAE)**

1. Su misión esencial es asegurar una evacuación total y ordenada de su sector y comprobar que se haya dado la alarma.

2. La transmisión de la alarma al centro de control y comunicaciones se ha de realizar por medio de un pulsador de alarma, o preferentemente a través de teléfono o intercomunicador localizando espacialmente con todo detalle la emergencia y esperando confirmación del aviso e instrucciones.

3. Una correcta evacuación supone comprobar que las vías de evacuación se encuentren expeditas, dirigir el flujo de personas (evitando aglomeraciones en puertas, accesos a escaleras y salidas al exterior), impedir la utilización de ascensores en caso de incendio y controlar las ausencias en los puntos de reunión exteriores.

4. El perfil del personal del equipo de alarma y evacuación se corresponde con personas serenas que sepan infundir y transmitir tranquilidad; generalmente cada equipo (uno por cada planta) consta de una a cuatro personas.

b) **Equipos de primeros auxilios (EPA)**

1. Están encargados de prestar los primeros auxilios a las personas lesionadas que lo requieran, al mismo tiempo que facilitan su evacuación a un centro sanitario, evitando el empeoramiento de las lesiones.

2. Deben recibir formación y adiestramiento continuo en emergencias y urgencias médicas, inmovilización y transporte de personas heridas.

3. Es preferible que se trate de personal sanitario y/o con título de socorrista, y que el jefe o jefa del equipo sea el médico o la médica de la empresa.

4. Existe un equipo de primeros auxilios para todo el edificio.

c) **Equipos de primera intervención (EPI)**

1. Intentan controlar la emergencia donde se haya producido, por ejemplo mediante el empleo de extintores portátiles si se trata de un fuego declarado en su área de trabajo.

2. Para ello cuentan con la formación y entrenamiento adecuados (conocimiento del fuego, métodos de extinción portátiles y fijos, y Plan de Emergencia), orientados específicamente a los riesgos propios del lugar de trabajo, por lo que deben ejercer un importante control preventivo.

    Si son requeridos para ello, prestarán apoyo a los equipos de segunda intervención.

3. Existe un equipo de primera intervención por cada planta y, de forma orientativa, el número de sus componentes es similar al de equipos de extinción (generalmente entre dos y seis personas).

4. Actúan siempre por parejas y si deben ser ayudados por otros EPI éstos deben proceder de plantas inferiores.

d) **Equipos de segunda intervención (ESI)**

—   Han de actuar en el caso de que la emergencia, dada su gravedad, no haya podido ser controlada por los equipos de primera intervención. Representan la máxima capacidad extintora del local, pudiendo actuar en cualquier punto, y en caso necesario colaboran además con los servicios de ayuda exterior.

—   Sus personas integrantes han sido convenientemente formadas y adiestradas en la lucha contra incendios mediante medios de intervención primera (extintores portátiles) o segunda (mangueras), e incluso equipos especiales (sistemas fijos de extinción, equipos de respiración autónoma, etc.). Por otro lado, tendrán un conocimiento exhaustivo del Plan de Emergencia.

ADAMS

— Es recomendable que las personas integrantes de los equipos de segunda intervención sean personal de mantenimiento o vigilancia, ya que conocen mejor el edificio y las instalaciones.

— Ha de estar constituido por un mínimo de dos y un máximo de diez personas. Lo normal es un equipo para todo el edificio.

e) **Jefe o jefa de intervención**

Es la persona encargada de valorar la emergencia, de dirigir y coordinar a los equipos de intervención y de informar al jefe o jefa de emergencia, de quien depende jerárquicamente, aunque constituye la máxima autoridad en el punto de la emergencia hasta la llegada del servicio público de extinción.

Al igual que los ESI ha de estar permanentemente localizable durante el horario de trabajo a través de medios de comunicación fiables, y su perfil corresponde a una persona con dotes de mando y profundos conocimientos teórico-prácticos en seguridad contra incendios y Plan de Autoprotección.

f) **Jefe o jefa de emergencia**

Constituye la máxima autoridad ante una emergencia, encargándose de coordinar toda la actuación desde el centro de control de comunicaciones de la empresa, solicitando el envío a la zona siniestrada de los equipos internos o servicios externos que resulten necesarios y ordenando el momento de la evacuación del local.

Al llegar al centro de control y comunicaciones asumirá las tareas de registro escrito de la emergencia, que hasta ese momento realizaba el operador u operadora de comunicaciones, vigilante, celador o celadora o telefonista que recibió el aviso inicial de emergencia, comprobó su veracidad y alertó a los bomberos y bomberas, al jefe o jefa de emergencia y al jefe o jefa de intervención y de otros equipos.

Es una persona con dotes de mando y sólidos conocimientos de seguridad contra incendios y del Plan de Autoprotección. Ha de estar localizable las veinticuatro horas del día.

El jefe o jefa de emergencia, el jefe o jefa de intervención y el operador u operadora de comunicaciones constituyen el denominado equipo de mando.

g) **Comité de emergencia**

Está constituido por la Dirección de la empresa.

Debe estar puntualmente informado de la situación por el jefe o jefa de emergencia.

Su función consiste en coordinar y canalizar las relaciones con el exterior mientras se mantenga la emergencia, informando a las autoridades, familiares, prensa, etc.

h) **Sistemas de comunicaciones**

El centro de trabajo puede contar con los siguientes sistemas de comunicaciones: teléfono, interfono, radiotransmisores, buscapersonas, megafonía y pulsadores de alarma.

Son tipos de comunicaciones propios de una situación de emergencia:

1. Aviso de emergencia, en el que se ha de utilizar como medio de transmisión el teléfono, los pulsadores de alarma o los interfonos.

2. Comunicaciones interiores entre equipos de emergencia, que se deben llevar a cabo mediante teléfono, buscapersonas, interfonos o radiotransmisores.

3. Comunicaciones exteriores, que se establecen por vía telefónica o por transmisión de la alarma a distancia.

4. Aviso de alarma y orden de evacuación, estando previsto transmitir por megafonía, avisadores acústicos o avisadores ópticos.

D) Desarrollo, implantación, formación y simulacros del Plan de Emergencias

— **Desarollo**

1. Se han de establecer las secuencias de actuación que deben ejercer cada uno de los equipos dependiendo de la gravedad de la emergencia.

2. Estas operaciones que llevarán a cabo los equipos de emergencia se refieren a las acciones de alerta, alarma, intervención y apoyo y deben estar coordinadas por las distintas jefaturas.

3. Para facilitar esta labor se han de realizar diagramas de flujo, y en caso de gran complejidad se elaborarán esquemas operacionales parciales.

— **Implantación del Plan de Emergencia**

1. Constituye la última fase en la actuación planificada ante una emergencia. Es la fase que supone mayor trabajo e inversión de tiempo y que comprende el conjunto de medidas que asegurarán la eficacia operativa de dicho plan.

2. Si bien todo el personal de plantilla (directivo, técnico, mandos intermedios y personal trabajador) debe participar obligatoriamente en los planes de autoprotección que se lleven a cabo en una empresa, la responsabilidad derivada de la implantación de ese Plan de Emergencia recae sobre la persona titular de la actividad o empresario o empresaria.

3. Este/a puede delegar la coordinación de las acciones necesarias para la implantación y mantenimiento del Plan de Autoprotección en un jefe o jefa de emergencia.

4. También es posible crear un comité de emergencia que llevará a cabo una labor de asesoramiento en lo referente a la implantación y mantenimiento de ese Plan de Autoprotección.

    Dicho comité está constituido por el jefe o jefa de emergencia, el jefe o jefa de intervención y los jefes o jefas de los equipos de intervención existentes.

5. Se colocará, en las entradas a las instalaciones, en el interior de armarios ignífugos, unos planos de los locales que constituirán una valiosa ayuda para los servicios públicos de ayuda que deban intervenir ante una emergencia.

6. La constitución de los de mando y de emergencia no garantiza la eficacia del Plan de Emergencia elaborado si no se llevan a cabo las necesarias acciones de formación-información de todo el personal implicado.

—   **Formación y adiestramiento**

Se establece a cuatro niveles distintos:

1. Plan formativo para todos los empleados y empleadas del centro:

    a) Se celebrarán reuniones informativas en las que se explicará el Plan de Emergencia, entregando a las personas asistentes un folleto donde deben constar por escrito las instrucciones más relevantes, referentes a las precauciones a tomar para evitar emergencias, la manera de informar en caso de detectar emergencias, la forma en que les será comunicada la alarma, información básica de actuación en caso de emergencia.

2. Plan formativo para integrantes de los equipos de emergencia y jefaturas:

    a) Al menos una vez al año han de recibir cursos de formación y adiestramiento que les capaciten para desempeñar las funciones que les adjudica el Plan de Emergencia.

    b) Por un lado, el programa de enseñanza teórica aportará conocimientos generales sobre el fuego, clasificación de incendios y formas de combatirlos, funcionamiento de los diferentes medios de lucha contra incendios, aplicación más eficaz de los elementos de extinción del fuego, riesgos y situaciones peligrosas originadas durante el ataque de un incendio, códigos de alarma que esté previsto utilizar, posibilidades de evacuación y diferenciación entre las vías principales y alternativas, salvamento de personas y primeros auxilios (asfixia, quemaduras, contusiones o fracturas).

    c) Por otro lado, la instrucción práctica incluirá ejercicios de lucha contra incendios con prácticas de fuego real a través de extintores de distinta capacidad y clases; con el uso de instalaciones fijas de extinción, manejo de mangueras, uniones y lanzas; familiarización con elementos de señalización e iluminación de emergencia; prácticas de salvamento, socorrismo y primeros auxilios (rescate de personas, torniquetes, respiración artificial, etc.).

3. Plan formativo para los operadores u operadoras de comunicaciones (vigilantes, telefonistas...):

La formación se centra en la impartición, principalmente por escrito, de las órdenes concretas de actuación a seguir ante un caso de emergencia.

4. Información a visitantes de las instalaciones o personas usuarias externas:

Se deben disponer carteles informativos con las consignas a seguir ante casos de emergencia, medidas que pueden ser complementadas con la entrega de hojas informativas personales, tal y como hace el Instituto Nacional de Seguridad e Higiene en el Trabajo con las personas que visitan sus instalaciones.

— **Simulacros de emergencia**

1. Se realizan al menos una vez al año con la finalidad de evaluar el Plan de Emergencia y mejorar su efectividad.

2. Los objetivos principales que se pretenden lograr con su realización son los siguientes:

— Detectar fallos existentes en el Plan de Emergencia.

— Acostumbrar a las personas ocupantes a evacuar el edificio de forma satisfactoria.

— Comprobar la idoneidad y suficiencia de equipos, medios de comunicación, alarma, señalización, iluminación de emergencia y de extinción.

— Familiarizarse con la utilización de equipos y medios técnicos.

— Conferir práctica y confianza al personal, limitando la aparición de pánico en el supuesto de emergencias reales.

— Estimar los tiempos de evacuación y de intervención de equipos propios y de los servicios de ayuda externos, por lo que se contará con personal de cronometraje.

3. Los simulacros deben ser exhaustivamente preparados y se eliminarán factores de improvisación.

4. Se debe ir informando totalmente en las primeras pruebas (incluso día y hora) y reduciendo la información a medida que los resultados vayan siendo satisfactorios.

5. Sería conveniente que al realizar los simulacros se contemplara la posibilidad de emergencia real, participando los servicios de emergencia que intervienen en casos de incidentes.

— **Informe del simulacro de emergencia**

Los objetivos son concretos:

— Sistema de detección y aviso de emergencia.

— Procedimiento de activación del Plan de Emergencia Exterior.

— Actuación de las personas integrantes de los equipos de emergencia: reacción y respuesta.

— Integración y coordinación con las distintas áreas operativas.

— Conocimiento del rol y responsabilidades del personal que interviene en la emergencia.

— Idoneidad de los medios de autoprotección disponibles.

— Sistemas de aviso y emergencia durante el desarrollo de la emergencia.

— Sistemas de aviso y emergencia una vez decretado el fin de la emergencia.

— Coordinación con autoridades competentes.

— Coordinación e información a medios de comunicación social

3.3.3. Evacuación de edificios

A) Medidas preventivas

Los estudios y análisis de incidentes en siniestros desarrollados en edificios indican que la mejora en la respuesta de autoprotección (técnica y humana) es la clave para conseguir que el nivel de riesgo sea considerado como aceptable dentro de los parámetros de seguridad europea.

En el aspecto técnico, cada edificio debe de estar diseñado antes de su construcción con los avances constructivos tecnológicos y de diseño, que por normativa le corresponda, en el momento de su construcción (atendiendo a los posibles riesgos naturales que pudieran darse en su entorno).

Si el edificio es antiguo, tendrá que ir adecuando las mejoras tecnológicas (principalmente en el área de protección pasiva de incendios) y de realización del Plan de Autoprotección del Edificio, adecuando tanto las zonas de evacuación, como las zonas de riesgo.

En el aspecto humano, los empleados/as públicos/as, deben conocer e implementar el Plan de Autoprotección del Edificio, que implica el conocimiento del Plan, cómo realizar la alarma y cómo llevar a cabo la evacuación segura del edificio. Se deben conocer las pautas y medidas de actuación ante incendios y de evacuación.

Se debe planificar la actuación ante un incendio en el edificio (pautas de intervención) y conocimiento y utilización de los medios operativos (extintores, bocas de incendio equipadas, central de alarmas de fuego) designando en el Plan de Autoprotección del edificio quién debe realizar las acciones y cómo las tiene que realizar, capacitando (formación teórica y práctica) a las personas encargadas de dichas acciones. Asimismo se deben realizar simulacros periódicos, con carácter de evacuación sectorial, parcial o total del edificio con una frecuencia mínima anual. Siendo siempre evaluados esos simulacros, para determinar las acciones a implementar en la seguridad del edificio y en la formación de los trabajadores y trabajadoras y/o personas usuarias del edificio, adecuando y modificación con una nueva revisión el Plan de Autoprotección del Edificio.

Ante un emergencia declarada en un edificio, el abandono o desalojo del edificio se debe realizar siempre por las escaleras, nunca utilizar los ascensores debido a que su construcción puede permitir que se usen como chimeneas, transportando humo, gases tóxicos y calor, por lo cual al utilizar el ascensor, se corre el riesgo de morir, ya sea por asfixia o por los efectos de las altas temperaturas generadas en el incendio. Las escaleras deben ser seguras y estar sujetas a la normativa en vigor, con pasamanos y con alumbrado de emergencia, así como las puertas deben ser resistentes al fuego (normativa, Resistencia al Fuego, en adelante, RF), para delimitar los diferentes sectores constructivos del edificio.

B)   **Respuesta al incidente**

Avisar inmediatamente al 112 e indicar:

—   Qué ocurre.

—   Dónde ha sucedido.

—   Cuándo ha sucedido.

—   Cómo ha sucedido.

—   Número de personas accidentadas (personas afectadas

—   Quién llama.

—   Número del teléfono desde donde llama.

C)   **Pautas míninas de conducta ante un incidente en un edificio**

—   No actuar individualmente, pedir ayuda.

—   Evitar correr riesgos personales.

—   Recibir y atender a los servicios de emergencias (bomberos y bomberas, policía, personal sanitario) y seguir sus indicaciones.

—   Mantener el orden y la calma.

— Comprobar que puertas y ventanas queden cerradas.

— Salir en orden y sin correr.

— Evitar empujar y crear aglomeraciones.

— Neutralizar el pánico y la histeria.

— No regresar nunca, por ningún motivo, al puesto de trabajo ni al edificio.

— Al entrar en un edificio público, local comercial, hotel, etc., procurar fijarse en los itinerarios y en las salidas de emergencia y señales de evacuación.

— Nunca hay que tratar de evacuar el edificio por ventanas con medios de rescate no homologados.

Se deben de seguir las pautas de evacuación de los servicios de rescate.

— No utilizar ascensores, montacargas o escaleras mecánicas. Hay que bajar las escaleras con paso ligero, sin correr ni gritar.

— Siempre se debe ayudar en la evacuación a las personas de movilidad reducida, conformando los equipos humanos necesarios para que esa evacuación sea rápida, segura y eficaz.

— En caso de humo, cerrar las puertas, ventanas y colocar trapos húmedos en las puertas y procurar con pañuelos mojados gatear e ir en dirección contraria al desarrollo del fuego.

— En caso de prenderse la ropa, tumbarse en el suelo y rodar o cubrirse con una manta, hasta que se elimine el fuego.

4. Ordenanza de Prevención de Incendios del Ayuntamiento de Madrid (OPI)

La nueva Ordenanza de Prevención de Incendios del Ayuntamiento de Madrid sigue pendiente de aprobación por el Pleno tras el Acuerdo de 7 de diciembre de 2022 de la Junta de Gobierno de la Ciudad de Madrid por el que se aprueba someter a consulta pública la misma. Por ello, continua en vigor la Ordenanza del Ayuntamiento de Madrid de 28 de junio de 1993 que, si bien es normativa aplicable exclusivamente en el municipio de Madrid y resulta aplicable no solo a los edificios municipales sino también todos los proyectos de obra de nueva edificación, reforma o reestructuración, cambio de uso y a todas aquellas actividades no inocuas de nueva implantación.

En este sentido hay que destacar los conceptos técnicos de la prevención de incendios que se enumeran en el artículo 10 de la Ordenanza:

— Almacenamiento en altura: todo aquel cuya altura supera la de 6 metros desde el pavimento de suelo.

— Altura de evacuación: la diferencia de cota entre el nivel de un origen de evacuación y el del espacio exterior seguro en recorridos de evacuación ascendente o descendente.

— Alumbrado de emergencia: todo sistema de alumbrado alimentado eléctricamente con dos fuentes de suministro, de las que la principal será la red general del edificio y la secundaria la específica de la instalación. Su autonomía de funcionamiento a plena carga será como mínimo de una hora y su puesta en funcionamiento automática, con el fallo del suministro de la red general (caída de la tensión de alimentación por debajo del 70% de su valor nominal).

Este tipo de alumbrado se ajustará a lo especificado al efecto en el Reglamento Electrotécnico de Baja Tensión e I.T.C. correspondientes, del Ministerio competente en materia de Industria.

Cuando se utilicen aparatos autónomos, estos deberán haber sido homologados y cumplirán con las especificaciones de la Norma UNE 20-062 y 20-392.

Este tipo de instalación será fija y proporcionará una iluminancia mínima de 3 lux en zonas ocupadas por personas, de 5 lux en los inicios de los recorridos de evacuación, de 3 lux en los recorridos de evacuación y de 5 lux donde se precise maniobrar instalaciones.

— Ascensor de emergencia: aquel dotado de llamada prioritaria para uso del Servicio de Extinción de Incendios, de dos fuentes independientes de alimentación eléctrica, de las que la segunda garantizará al menos una autonomía de una hora de funcionamiento a plena carga y manejable desde el interior de la cabina. La capacidad de carga mínima será de 630 Kg.

— Boca de agua contra incendios (BIE): a efectos de la presente Ordenanza se considera boca de agua contra incendios, la instalación manual de ataque al fuego con secciones de 45 o 25 milímetros de diámetro nominal.

Estarán provistas como mínimo de:

a)   Lanza o surtidor resistente a la corrosión y a la acción mecánica a que ha de ser sometida y dotada de:

   •   Boquilla con posibilidad de accionamiento que permita la salida del agua en chorro o pulverizada, permitiendo alcanzar caudales mínimos admisibles de 3,3 litros/segundo para bocas de 45 mm de diámetro y 1,6 litros/segundo para las de 25 mm de diámetro, con las presiones mínimas especificadas en cada uso especifico.

   •   Sistema de apertura y cierre en el caso de que no exista en la boquilla.

b)   Manguera de longitud máxima de 15 metros en las de diámetros nominales de 45 mm o de 30 metros de longitud máxima en las de 25 mm y de características técnicas ajustadas a lo especificado en la norma UNE 23-091:

La de 25 mm de diámetro será de trama semirrígida, no autocolapsable y capaz de recuperar su sección circular una vez que se suprima la causa e deformación.

c)   Racor de tipo "Barcelona" que se ajustará a las características determinadas en las Normas UNE 23-400.

d)   Manómetro capaz de medir entre cero y la máxima presión que se alcance en la red.

e)   Válvula resistente a la corrosión y oxidación; pudiendo ser de apertura automática en la instalación de 25 mm de diámetro.

f)   Soporte de devanadera para ambos tipos o de plegadora para el de 45 mm de diámetro.

g)   Las bocas de agua contra incendios de 45 mm de diámetro se situarán de forma que el centro del soporte quede a una altura comprendida entre 0,90 m y 1,50 m medidos desde el pavimento del suelo.

h)   Las bocas de agua contra incendios de 25 mm de diámetro se situarán de forma que la boquilla de surtidor y la válvula manual, si existe, se encuentre a una altura comprendida entre 0,90 m y 1,70 m del pavimento del suelo.

i)   Armario empotrado o de superficie para la instalación de 45 mm de diámetro que permita fácilmente el despliegue de la manguera sin ocasionar estrangulaciones en ella.

La presión (P) que debe suministrar una BIE estará comprendida: 3,5 kg/cm^2

La red de distribución estará protegida contra heladas en todo su trazado.

— Camino de evacuación: el recorrido a realizar desde cualquier salida de recinto o planta hasta la vía pública o espacio exterior seguro.

No contabilizarán como camino de evacuación los aparatos elevadores de cualquier tipo, las escaleras mecánicas y aquellos en los que se sitúen tornos o similares.

— Camino de evacuación protegido: el recorrido a realizar desde su iniciación hasta la vía pública o espacio exterior seguro y proyectado con el único fin de garantizar la evacuación en caso de emergencia. Constituirá sector de incendio independiente.

— Carga de fuego: expresa las calorías desprendidas en la combustión total de una determinada cantidad de productos.

— Columna seca: instalación para uso exclusivo del Servicio Contra Incendios. Estará constituida por conducción vacía, de acero galvanizado de 80 mm de diámetro, que partiendo de lugar accesible a los vehículos del Servicio contra Incendios, en la caja de escalera esté provista de bocas de salida en pisos y válvula de expansión de aire en su parte superior.

ADAMS

La toma de alimentación, con centro a 90 cm del suelo, constará de conexión siamesa con llaves incorporadas y racores tipo Barcelona ((UNE 23-400) de 70 mm de diámetro, con tapas. En este mismo punto dispondrá de llave de purga de 25 mm de diámetro. Todo el conjunto se encerrará en hornacina o similar de 55 cm de ancho, por 40 cm de alto y 30 cm de profundidad mínimos, será fácilmente localizable e identificable y en su tapa de cierre de simple resbalón para llave de cuadradillo de 8 mm figurará la inscripción "Uso exclusivo de bomberos".

Las bocas de toma en pisos estarán provistas de conexión siamesa con llaves incorporadas y racores tipo UNE 23-400 de 45 mm de diámetro con tapas. Se dispondrán en las plantas pares hasta la octava y en todas a partir de esta, con centro del conjunto a 90 cm del pavimento del suelo.

Cada cuatro plantas se dispondrá, además de llave de seccionamiento, situada por encima de la conexión siamesa. Todas las llaves de instalación serán del modelo de bola con palanca incorporada.

La instalación debe ser capaz de resistir presión de 20 kg/cm^2 durante dos horas sin que aparezca ningún punto de fuga en la misma.

— Combustibilidad: a efectos de esta Ordenanza los materiales, en función de su reacción al fuego, quedan clasificados en:

a) Material M0: incombustible.

b) Material M1: combustible no inflamable.

c) Material M2: baja inflamabilidad.

d) Material M3: inflamabilidad media.

e) Material M4: altamente inflamable.

Esta clasificación se basa en la respuesta del material ante la acción térmica normalizada del ensayo correspondiente (UNE 23-727) que se hace extensivo para la clasificación de todos los materiales y/o productos.

— Cortina de agua: sistema de rociadores abiertos de actuación automática o manual dispuestos en línea, con el fin de establecer pantalla aislante del calor.

— Detección automática: todo sistema de detección deberá estar instalado cumpliendo lo especificado en las Normas UNE 23-007.

Deberá estar compuesta por:

a) Equipo de control y señalización, provisto de señales ópticas y acústicas (Para cada una de las zonas que se proyecten), capaces de transmitir a personas responsables.

b) Detectores, que podrán ser del tipo que se precise en cada caso, pero que deberán estar homologados por laboratorio oficialmente reconocido para ello.

El número y distribución de este tipo de elementos, deberá estar justificado en la documentación técnica de proyecto de ejecución.

c) Fuente secundaria de suministro de energía eléctrica que garantice, al menos, 24 horas en estado de vigilancia y 30 minutos en estado de alarma.

— Edificio en altura (EGA): a efectos de la Ordenanza se considera edificio en altura (EGA) todo aquel que disponga de plantas en las que existan puntos cuya altura de evacuación sea igual o superior a 28 metros. Este tipo de edificio queda calificado no evacuable.

— Edificio no evacuable: edifico no evacuable es aquel que por su naturaleza o por la del uso que en él se desarrolla, precisa de estudio especial de manera que el diseño del mismo cumpla con el cometido de posibilitar el salvamento de las personas sin necesidad de evacuación.

— Elemento compartimentador: a efectos de la Ordenanza se entiende por elemento compartimentador aquel que cumpliendo las condiciones de determinado grado de Resistencia al Fuego delimita un sector de incendio, un sector de incendio independiente o un recinto o zona especificados.

— Escalera exterior: la que discurre por el exterior de un edificio. Sus condiciones de construcción son las mismas que las exigibles para la escalera normal de servicio al edificio, permitiéndose como variante que el último tramo de acceso a zona exterior segura pueda realizarse con sistema basculante o desplegable de fácil manejo.

— Espacio exterior seguro: aquel a descubierto con superficie suficiente para contener a los ocupantes del edificio. Dicha superficie se determina a razón de 0,5 m^2/persona, de forma tal que ninguno de sus puntos se encuentre situado a una distancia de la salida, en metros, mayor de 0,1 P, siendo P el número de ocupantes y excluyéndose una franja de 2 metros paralela y contigua a la facha de salida.

Si el espacio abierto a que se accede no está comunicado con la vía pública u otros espacios abiertos, la anchura de dicha franja se aumentará hasta 15 metros. En este caso la superficie restante deberá ser capaz de albergar a los ocupantes del edificio a razón de 0,5 m^2/persona como mínimo.

— Estabilidad al fuego (EF): la facultad que tiene un elemento para durante el tiempo que se especifica bajo la acción de un fuego, mantener la capacidad portante para la que ha sido instalado. Según Norma UNE-EN 1363-2:2000.

— Extintores portátiles: todos los elementos que como tales se utilicen, deberán estar homologados, ajustándose a lo especificado en el Real Decreto 2060/2008, de 12 de diciembre, por el que se aprueba el Reglamento de equipos a presión y sus instrucciones técnicas

complementarias; así como en el Real Decreto 513/2017, de 22 de mayo, por el que se aprueba el Reglamento de instalaciones de protección contra incendios y la Norma UNE-EN 3-7:2004+A1:2008.

Los agentes extintores contenidos en los mismos se ajustarán a la Norma UNE-EN 615:2009.

Se consideran extintores portátiles aquellos cuyo peso máximo total sea de 20 kg. Por encima de este peso deberá disponer de medio de transporte sobre ruedas.

Los tipos de extintores se adecuarán en función de las clases de fuego establecidas en la Norma UNE-EN 2:1994.

Se situarán en lugares fácilmente accesibles, visibles o señalizados cuando no se dé esta última posibilidad. Fijados a paramentos verticales, la parte superior del extintor quedará a 1,70 metros máximo del pavimento del suelo, y de forma que el recorrido real máximo para alcanzar un elemento no sea superior a 15 m.

— Hidrante: sistema de abastecimiento de agua para uso exclusivo del Servicio Contra Incendios.

Puede ser de dos tipos:

a) Enterrado.

b) En columna.

Las secciones de acometida podrán ser de 10 mm de diámetro o de 80 mm de diámetro, especificándose en cada uso el necesario, cuando se precise de este tipo de elemento. Deben estar preparados para resistir las heladas y acciones mecánicas.

La conexión a la red de distribución será independiente para cada unidad, admitiéndose el anillo cuando se trate de una única actividad y el sistema circunde al edificio.

El sistema de cierre será de válvula de tipo compuerta o de bola.

Se situarán en lugares fácilmente accesibles a los vehículos del Servicio contra Incendios y debidamente señalizados conforme a la Norma UNE 23-033.

La separación máxima admisible entre dos elementos, cuando éstos se precisen, será de 200 metros.

Los caudales mínimos que deben suministrar en cada caso serán de 500 litros/minuto para los de 80 mm de diámetro y 1.000 litros/minuto para los de 100 mm de diámetro, en ambos casos estos caudales deben ser garantizados durante al menos 2 horas. Cuando por cualquier circunstancia no se pudiera garantizar el abastecimiento de agua directo desde la red pública (en estudio de cálculo de proyecto), se deberá disponer de depósitos de reserva de agua, que dotados de los correspondientes grupos de presión, garanticen las condiciones expuestas. En este caso la presión de suministro deberá ser como mínimo de 10 m.c.d.a.

Un edificio se considera protegido por un hidrante cuando cualquier punto de las fachadas a nivel de rasante se encuentre a menos de 100 metros de aquel.

— Ocupación teórica máxima previsible: representa el máximo número de personas o aforo que teóricamente puede contener un edificio, local, etc., en función de la actividad o uso que en él se desarrolle.

— Origen de evacuación: se considera origen de evacuación cualquier punto ocupable de un recinto. Se exceptúan las viviendas, despachos de oficina privada

— Parallamas (PF): la capacidad de un elemento expuesto al fuego, para que en el tiempo que se determine mantenga su estabilidad, no emita gases inflamables por la cara no expuesta y sea estanco al paso de la llama y gases calientes. Todo según Norma UNE 23-093.

— Plan de emergencia: estudio de organización de medios humanos y materiales disponibles para la prevención del riesgo de incendio así como para garantizar la evacuación e intervención inmediata. Su redacción se ajustará a las normas que en cada momento determine el organismo competente.

— Pulsador de alarma: tiene como finalidad la transmisión de una señal a un puesto de control, centralizado y permanentemente vigilado, de forma tal que resulte localizable la zona del pulsador que ha sido activado.

Los pulsadores habrán de ser fácilmente visibles y la distancia a recorrer desde cualquier punto de un edificio protegido por una instalación de pulsadores, hasta alcanzar el pulsador más próximo, habrá de ser inferior a 25 metros. Se situarán a una altura accesible a discapacitados físicos.

Los pulsadores estarán provistos de dispositivo de protección que impida su activación involuntaria.

La instalación estará alimentada eléctricamente, como mínimo por dos fuentes de suministro, de las cuales la principal será la red general del edificio. La fuente secundaria podrá ser específica para esta instalación o común con otras de protección contra incendios.

En los casos en que exista una instalación de detección automática de incendios, la instalación de pulsadores de alarma podrá estar conectada al mismo equipo de control y señalización. En este caso el equipo de control y señalización permitirá diferenciar la procedencia de la señal de ambas instalaciones.

— Recorrido de evacuación: el que se realiza desde el origen de evacuación hasta el espacio exterior seguro o a un camino de evacuación protegido o a otro sector de incendio.

Su medición se realiza según el recorrido real, medido sobre el eje en el caso de pasillos, escaleras o rampas.

No contabilizarán como recorrido de evacuación los aparatos elevadores de cualquier tipo, las escaleras mecánicas y aquellos recorridos en que se sitúen tornos o similares.

— Resistencia al fuego (RF): la capacidad de un elemento para que durante el tiempo que se especifica ante la acción de un fuego mantenga su estabilidad, ausencia de emisión de gases en la cara no expuesta al fuego, estanquidad al paso de la llama y gases calientes y evite que se produzcan en la cara no expuesta a temperaturas superiores a las especificadas en la Norma UNE 23-093.

— Riesgo alto: a efectos de la Ordenanza se consideran zonas de riesgo alto las incluidas en la definición de zona peligrosa y las mencionadas en cada caso.

— Riesgo medio: a efectos de la Ordenanza se consideran zonas de riesgo medio:

   a)   Locales destinados a depósitos de basura y residuos combustibles cuando su superficie construida sea superior a 15 m².

   b)   Cocinas con superficie edificada superior a 20 m² excepto en el uso de vivienda.

   c)   Zonas destinadas a taller de mantenimiento, almacén de lencería, mobiliario, o de cualquier producto combustible, cuando el volumen total de zona es superior a 200 m³.

   d)   Todas aquellas zonas mencionadas como tales en cada uso específico.

— Riesgo bajo: a efectos de la Ordenanza, se consideran zonas de riesgo bajo cualquiera de las no incluidas en los dos grupos antes especificados.

— Rociadores automáticos: las instalaciones de rociadores de agua deberán realizarse, adaptándose a lo establecido en las Normas UNE 23-590, 23-591, 23-592, 23-593, 23-594.

La red de tuberías de distribución será de uso exclusivo para la protección contra incendios.

El disparo de las cabezas se efectuará siempre automáticamente, admitiéndose el sistema de acción previa, combinando la acción de esta instalación con el sistema de detección si existen ambos.

El abastecimiento de agua deberá estar garantizado mediante acometida a red general pública, o a depósito de agua de reserva con volumen suficiente para asegurar el funcionamiento el sector de la instalación más desfavorable hidráulicamente, durante una hora.

En cualquier caso, la instalación dispondrá de sistema de conexión que permita la alimentación por el Servicio de Extinción de Incendios, con identificación.

Este tipo de instalación estará completado con puesto de control donde se reflejará la sectorización proyectada. Este puesto dispondrá, a su vez, de señal acústica detectora de activación de cualquier componente de instalación.

Dispondrán de válvula de prueba en cada sector y en el punto hidráulicamente más desfavorable en cada caso.

Los puestos de control estarán conectados con la central de alarmas, cuando ésta exista.

Cuando se trate de cortina, se dispondrá además de dispositivo de disparo manual para cada sector.

— Salida de edificio: la comunicación del edificio con el espacio exterior seguro y de dimensiones mínimas 0,80 x 1,90 m.

— Salida de emergencia: toda salida de recinto, de planta o de edificio, que tiene como función permitir la evacuación en caso de emergencia.

— Salida de planta:

a) El arranque, en la planta considerada, de la escalera que conduce a una planta de salida del edificio con acceso a la misma.

b) Una puerta de 0,80 x 1,90 m mínimos que accede a un recinto de escalera, que siendo sector de incendio, conduzca a una planta de salida del edificio.

c) El acceso a un vestíbulo de independencia, que conduce a una escalera o pasillo protegidos que permiten llegar a una planta de salida del edificio.

d) Aquella que a ese nivel es salida del edificio.

e) El acceso desde un sector a otro sector de incendio independiente, siempre que en el primero exista otra salida de planta, o a otro sector y que en ambos casos, a su través, se pueda abandonar el edificio sin confluir en un mismo sector. En este caso, la superficie del sector de evacuación debe ser capaz de albergar su propia ocupación teórica más la del sector evacuado (0,5 m^2 pisable/persona) dentro de una superficie a menos de 30 metros desde la puerta considerada.

— Salidas opuestas y alejadas: las que cumplen la condición de que las rectas que unan los centros de ambas con cualquier punto del local situado a menos de 45 metros de ellas, no formen entre sí un ángulo menor de cuarenta y cinco grados. Se exceptúan de esta condición los puntos del local situados a menos de 5 metros de las puertas consideradas.

— Salida de recinto: la puerta o paso, que conducen directamente, o a través de otros recintos, hacia una salida de planta. Las dimensiones mínimas admisibles son: 0,70 x 1,90 m.

— Sector de incendio: recinto delimitado por elementos resistentes al fuego del grado que en cada caso se determina y que encierra una o varias actividades definidas por un único uso.

— Sector de incendio independiente: aquel que cumpliendo el concepto de sector de incendio tiene su acceso directamente desde el exterior o a través del vestíbulo de independencia.

— Ventilación natural: aquella que se consigue mediante la apertura de huecos o conductos que acceden al exterior.

— Ventilación natural y directa al exterior: aquella que se consigue mediante la apertura de huecos que acceden, al menos, a un patio de dimensiones aceptadas para ventilación en la normativa urbanística y siempre que la superficie de hueco sea de 0,50 m^2 como mínimo.

— Vestíbulo de independencia: recinto delimitado por elementos RF, de grado función del que corresponda al sector o local a independizar y que tiene como única función la de circulación.

Debe cumplir las siguientes condiciones:

a) Estar dotado de, al menos, un doble sistema de puertas con dispositivo de cierre automático y selector de cierre cuando la puerta está compuesta por dos hojas.

b) A él no accederán más que zonas de aseos, ascensores, los recintos o sectores a independizar y en su caso el espacio exterior seguro.

c) La distancia mínima entre los arcos de la zona barrida por las hojas de las puertas y cualquier paramento frente a ellos será de 0,50 m.

d) Disponer de sistema de ventilación cruzada de entrada y salida de aire, de forma tal que el barrido de la corriente recorra la mayor dimensión posible del recinto. O bien disponer de ventilación natural y directa al exterior.

e) Serán vestíbulos de independencia exclusivos aquellos que no podrán ser utilizados más que para la evacuación de los locales que independizan.

— Zona peligrosa: a efectos de la Ordenanza quedan calificadas como peligrosas, aquellas zonas que por la actividad o uso que en ellas se desarrollan impliquen riesgo o peligrosidad destacable. Se incluyen en este concepto:

a) Cuartos de baterías de acumuladores de tipo no estanco centralizadas.

b) Zonas destinadas a taller de mantenimiento, almacén de lencería, o de mobiliario o de cualquier producto combustible cuando el volumen total de la zona es superior a 400 m^3.

c) Cuartos de calderas de potencia superior a 100 KW.

d) Salas de transformador con potencia instalada superior a 100 KVA.

e) Sala de grupo electrógeno con potencia nominal instalada superior a 200 KVA.

f) Locales de almacenamiento de combustible para consumo.

g) Sala de máquinas de aire acondicionado centralizado.

h) Las zonas de trasteros de superficie útil total superior a 500 m².

i) El sector de escenario en teatros.

5. Documento básico de seguridad contra incendios del Código Técnico de la Edificación

— Altura de evacuación: máxima diferencia de cotas entre un origen de evacuación y la salida de edificio que le corresponda.

A efectos de determinar la altura de evacuación de un edificio no se consideran las plantas en las que únicamente existan zonas de ocupación nula.

— Carga de fuego: suma de las energías caloríficas que se liberan en la combustión de todos los materiales combustibles existentes en un espacio (contenidos del edificio y elementos constructivos) (UNE-EN 1991-1-2:2019).

— Escalera abierta al exterior: escalera que dispone de huecos permanentemente abiertos al exterior que, en cada planta, acumulan una superficie de 5A m², como mínimo, siendo A la anchura del tramo de la escalera, en m. Cuando dichos huecos comuniquen con un patio, las dimensiones de la proyección horizontal de este deben admitir el trazado de un circulo inscrito de 15 m de diámetro.

Puede considerarse como escalera especialmente protegida sin que para ello precise disponer de vestíbulos de independencia en sus accesos.

— Escalera especialmente protegida: escalera que reúne las condiciones de escalera protegida y que además dispone de un vestíbulo de independencia diferente en cada uno de sus accesos desde cada planta. La existencia de dicho vestíbulo de independencia no es necesaria, ni cuando se trate de una escalera abierta al exterior, ni en la planta de salida del edificio, cuando la escalera comunique con un sector de riesgo mínimo.

— Escalera protegida: escalera de trazado continuo desde su inicio hasta su desembarco en planta de salida del edificio que, en caso de incendio, constituye un recinto suficientemente seguro para permitir que los ocupantes puedan permanecer en el mismo durante un determinado tiempo. Para ello debe reunir, además de las condiciones de seguridad de utilización exigibles a toda escalera (véase DB-SUA 1-4) las siguientes:

a) Es un recinto destinado exclusivamente a circulación y compartimentado del resto del edificio mediante elementos separadores EI 120. Si dispone de fachadas, éstas deben cumplir las condiciones establecidas en el capítulo 1 de la Sección SI 2 para limitar el riesgo de transmisión exterior del incendio desde otras zonas del edificio o desde otros edificios.

En la planta de salida del edificio la escalera puede carecer de compartimentación cuando comunique con un sector de riesgo mínimo.

b) El recinto tiene como máximo dos accesos en cada planta, los cuales se realizan a través de puertas EI2 60-C5 y desde espacios de circulación comunes y sin ocupación propia.

Además de dichos accesos, pueden abrir al recinto de la escalera protegida locales destinados a aseo y limpieza, así como los ascensores, siempre que las puertas de estos últimos abran, en todas sus plantas, al recinto de la escalera protegida considerada o a un vestíbulo de independencia.

En el recinto también pueden existir tapas de registro de patinillos o de conductos para instalaciones, siempre que estas sean EI 60.

c) En la planta de salida del edificio, la longitud del recorrido desde la puerta de salida del recinto de la escalera, o en su defecto desde el desembarco de la misma, hasta una salida de edificio no debe exceder de 15 m, excepto cuando dicho recorrido se realice por un sector de riesgo mínimo, en cuyo caso dicha longitud debe ser la que con carácter general se establece para cualquier origen de evacuación de dicho sector.

d) El recinto cuenta con protección frente al humo, mediante una de las siguientes opciones:

- Ventilación natural mediante ventanas practicables o huecos abiertos al exterior con una superficie de ventilación de al menos 1 m^2 en cada planta.

- Ventilación mediante conductos independientes de entrada y de salida de aire, dispuestos exclusivamente para esta función y que cumplen las condiciones siguientes:

    - La superficie de la sección útil total es de 50 cm^2 por cada m^3 de recinto, tanto para la entrada como para la salida de aire; cuando se utilicen conductos rectangulares, la relación entre los lados mayor y menor no es mayor que 4.

    - Las rejillas tienen una sección útil de igual superficie y relación máxima entre sus lados que el conducto al que están conectadas.

- En cada planta, las rejillas de entrada de aire están situadas a una altura sobre el suelo menor que 1 m y las de salida de aire están enfrentadas a las anteriores y a una altura mayor que 1,80 m.

• Sistema de presión diferencial conforme a EN 12101-6:2005.

— Espacio exterior seguro: es aquel en el que se puede dar por finalizada la evacuación de los ocupantes del edificio, debido a que cumple las siguientes condiciones:

a) Permite la dispersión de los ocupantes que abandonan el edificio, en condiciones de seguridad.

b) Se puede considerar que dicha condición se cumple cuando el espacio exterior tiene, delante de cada salida de edificio que comunique con él, una superficie de al menos 0,5P m^2 dentro de la zona delimitada con un radio 0,1P m de distancia desde la salida de edificio, siendo P el número de ocupantes cuya evacuación esté prevista por dicha salida. Cuando P no exceda de 50 personas no es necesario comprobar dicha condición.

c) Si el espacio considerado no está comunicado con la red viaria o con otros espacios abiertos no puede considerarse ninguna zona situada a menos de 15 m de cualquier parte del edificio, excepto cuando esté dividido en sectores de incendio estructuralmente independientes entre sí y con salidas también independientes al espacio exterior, en cuyo caso dicha distancia se podrá aplicar únicamente respecto del sector afectado por un posible incendio.

d) Permite una amplia disipación del calor, del humo y de los gases producidos por el incendio.

e) Permite el acceso de los efectivos de bomberos y de los medios de ayuda a los ocupantes que, en cada caso, se consideren necesarios.

f) La cubierta de un edificio se puede considerar como espacio exterior seguro siempre que, además de cumplir las condiciones anteriores, su estructura sea totalmente independiente de la del edificio con salida a dicho espacio y un incendio no pueda afectar simultáneamente a ambos.

— Establecimiento: zona de un edificio destinada a ser utilizada bajo una titularidad diferenciada, bajo un régimen no subsidiario respecto del resto del edificio y cuyo proyecto de obras de construcción o reforma, así como el inicio de la actividad prevista, sean objeto de control administrativo.

— Fuego de cálculo: desarrollo de fuego específico adoptado a efectos de cálculo (UNE-EN 1991-1-2:2004).

— Fuego totalmente desarrollado: estado en el que todas las superficies combustibles existentes en un determinado espacio participan en el fuego (UNE-EN 1991-1-2:2004).

— Fuego localizado: fuego que solo afecta a una zona limitada de la carga de fuego del sector de incendio (UNE-EN 1991-1-2:2004).

— Modelo informático de dinámica de fluidos: modelo de fuego que permite resolver numéricamente las ecuaciones diferenciales parciales que relacionan a las variables termodinámicas y aerodinámicas de cada punto del sector de incendio considerado. (UNE-EN 1991-1-2:2004).

— Origen de evacuación: es todo punto ocupable de un edificio, exceptuando el interior de las viviendas, así como de todo aquel recinto, o de varios comunicados entre sí, en los que la densidad de ocupación no exceda de 1 persona/10 m 8 pt y cuya superficie total no exceda de 50 m 8 pt, como pueden ser las habitaciones de hotel, residencia u hospital, los despachos de oficinas, etc.

Los puntos ocupables de los locales de riesgo especial y de las zonas de ocupación nula se consideran origen de evacuación y deben cumplir los límites que se establecen para la longitud de los recorridos de evacuación hasta las salidas de dichos espacios, cuando se trate de zonas de riesgo especial, y, en todo caso, hasta las salidas de planta, pero no es preciso tomarlos en consideración a efectos de determinar la altura de evacuación de un edificio o el número de ocupantes.

— Pasillo protegido: pasillo que, en caso de incendio, constituye un recinto suficientemente seguro para permitir que los ocupantes puedan permanecer en el mismo durante un determinado tiempo. Para ello dicho recinto debe reunir, además de las condiciones de seguridad de utilización exigibles a todo pasillo (véase DB-SU 1 y 2), unas condiciones de seguridad equivalentes a las de una escalera protegida.

Si su ventilación es mediante ventanas o huecos, su superficie de ventilación debe ser como mínimo 0,2L m², siendo L la longitud del pasillo en m.

Si la ventilación se lleva a cabo mediante conductos de entrada y de salida de aire, estos cumplirán las mismas condiciones indicadas para los conductos de las escaleras protegidas. Las rejillas de entrada de aire deben estar situadas en un paramento del pasillo, a una altura menor que 1 m y las de salida en el otro paramento, a una altura mayor que 1,80 m y separadas de las anteriores 10 m como máximo.

El pasillo debe tener un trazado continuo que permita circular por él hasta una escalera protegida o especialmente protegida, hasta un sector de riesgo mínimo o bien hasta un punto situado a 15 m de una salida de edificio, como máximo.

— Reacción al fuego: respuesta de un material al fuego medida en términos de su contribución al desarrollo del mismo con su propia combustión, bajo condiciones específicas de ensayo.

— Recorrido de evacuación: recorrido que conduce desde un origen de evacuación hasta una salida de planta, situada en la misma planta considerada o en otra, o hasta una salida de edificio. Conforme a ello,

una vez alcanzada una salida de planta, la longitud del recorrido posterior no computa a efectos del cumplimiento de los límites a los recorridos de evacuación.

La longitud de los recorridos por pasillos, escaleras y rampas, se medirá sobre el eje de los mismos.

No se consideran válidos los recorridos por escaleras mecánicas, ni aquellos en los que existan tornos u otros elementos que puedan dificultar el paso. Las recorridos por rampas y pasillos móviles se consideran válidos cuando no sea posible su utilización por personas que trasladen carros para el transporte de objetos y estén provistos de un dispositivo de parada que pueda activarse bien manualmente, o bien automáticamente por un sistema de detección y alarma.

Los recorridos que tengan su origen en zonas habitables no pueden atravesar las zonas de riesgo especial definidas en SI 1.2. En cambio, sí pueden atravesar aparcamientos, cuando se trate de los recorridos adicionales de evacuación que precisen dichas zonas y en ningún caso de los recorridos principales.

— Recorridos de evacuación alternativos: se considera que dos recorridos de evacuación que conducen desde un origen de evacuación hasta dos salidas de planta o de edificio diferentes son alternativos cuando en dicho origen forman entre sí un ángulo mayor que 45° o bien están separados por elementos constructivos que sean EI-30 (RF-30) e impidan que ambos recorridos puedan quedar simultáneamente bloqueados por el humo.

— Resistencia al fuego: capacidad de un elemento de construcción para mantener durante un período de tiempo determinado la función portante que le sea exigible, así como la integridad y/o el aislamiento térmico en los términos especificados en el ensayo normalizado correspondiente (DPC - DI2).

— Salida de planta: es alguno de los siguientes elementos, pudiendo estar situada, bien en la planta considerada o bien en otra planta diferente:

a) El arranque de una escalera no protegida que conduce a una planta de salida del edificio, siempre que no tenga un ojo o hueco central con un área en planta mayor que 1,30 m². Sin embargo, cuando la planta esté comunicada con otras por huecos diferentes de los de las escaleras, el arranque de escalera antes citado no puede considerase salida de planta.

b) Una puerta de acceso a una escalera protegida, a un pasillo protegido o a un vestíbulo de independencia de una escalera especialmente protegida, con capacidad suficiente y que conduce a una salida de edificio.

Cuando se trate de una salida de planta desde una zona de hospitalización o de tratamiento intensivo, dichos elementos deben tener una superficie de al menos de 0,70 m² o 1,50 m², respectivamente, por cada ocupante. En el caso de escaleras, dicha superficie se refiere a la del rellano de la planta considerada, admitiéndose su utilización para actividades de escaso riesgo, como salas de espera, etc.

c) Una puerta de paso, a través de un vestíbulo de independencia, a un sector de incendio diferente que exista en la misma planta, siempre que:

- El sector inicial tenga otra salida de planta que no conduzca al mismo sector alternativo.

- El sector alternativo tenga una superficie en zonas de circulación suficiente para albergar a los ocupantes del sector inicial, a razón de 0,5 m²/persona, considerando únicamente los puntos situados a menos de 30 m de recorrido desde el acceso al sector. En uso Hospitalario dicha superficie se determina conforme a los criterios indicados en el punto b) anterior.

- La evacuación del sector alternativo no confluya con la del sector inicial en ningún otro sector del edificio, excepto cuando lo haga en un sector de riesgo mínimo.

d) Una salida de edificio.

— Salida de edificio: puerta o hueco de salida a un espacio exterior seguro. En el caso de establecimientos situados en áreas consolidadas y cuya ocupación no exceda de 500 personas puede admitirse como salida de edificio aquella que comunique con un espacio exterior que disponga de dos recorridos alternativos que no excedan de 50 m hasta dos espacios exteriores seguros.

— Salida de emergencia: salida de planta o de edificio prevista para ser utilizada exclusivamente en caso de emergencia y que está señalizada de acuerdo con ello.

— Sector bajo rasante: sector de incendio en el que los recorridos de evacuación de alguna de sus zonas deben salvar necesariamente una altura de evacuación ascendente igual o mayor que 1,5 m.

— Sector de incendio: espacio de un edificio separado de otras zonas del mismo por elementos constructivos delimitadores resistentes al fuego durante un período de tiempo determinado, en el interior del cual se puede confinar (o excluir) el incendio para que no se pueda propagar a (o desde) otra parte del edificio.

— Sector de riesgo mínimo: sector de incendio que cumple las siguientes condiciones:

a) Está destinado exclusivamente a circulación y no constituye un sector bajo rasante.

b) La densidad de carga de fuego no excede de 40 MJ/m² en el conjunto del sector, ni de 50 MJ/m² en cualquiera de los recintos contenidos en el sector, considerando la carga de fuego aportada, tanto por los elementos constructivos, como por el contenido propio de la actividad.

c) Está separado de cualquier otra zona del edificio que no tenga la consideración de sector de riesgo mínimo mediante elementos cuya resistencia al fuego sea EI 120 y la comunicación con dichas zonas se realiza a través de vestíbulos de independencia.

d) Tiene resuelta la evacuación, desde todos sus puntos, mediante salidas de edificio directas a espacio exterior seguro.

— Sistema de alarma de incendios: sistema que permite emitir señales acústicas y/o visuales a los ocupantes de un edificio.

— Sistema de detección de incendios: sistema que permite detectar un incendio en el tiempo más corto posible y emitir las señales de alarma y de localización adecuadas para que puedan adoptarse las medidas apropiadas.

— Sistema de presión diferencial: sistema de ventiladores, conductos, aberturas y otros elementos característicos previstos con el propósito de generar una presión más baja en la zona del incendio que en el espacio protegido

— Superficie útil: superficie en planta de un recinto, sector o edificio ocupable por las personas.

— Tiempo equivalente de exposición al fuego: es el tiempo de exposición a la curva normalizada tiempo-temperatura que se supone que tiene un efecto térmico igual al de un incendio real en el sector de incendio considerado

— Uso Administrativo: edificio, establecimiento o zona en el que se desarrollan actividades de gestión o de servicios en cualquiera de sus modalidades, como por ejemplo, centros de la administración pública, bancos, despachos profesionales, oficinas, etc.

También se consideran de este uso los establecimientos destinados a otras actividades, cuando sus características constructivas y funcionales, el riesgo derivado de la actividad y las características de los ocupantes se puedan asimilar a este uso mejor que a cualquier otro. Como ejemplo de dicha asimilación pueden citarse los consultorios, los centros de análisis clínicos, los ambulatorios, los centros docentes en régimen de seminario, etc.

Las zonas de un establecimiento de uso Administrativo destinadas a otras actividades subsidiarias de la principal, tales como cafeterías, comedores, salones de actos, etc., deben cumplir las condiciones relativas a su uso previsto.

— Uso Docente: edificio, establecimiento o zona destinada a docencia, en cualquiera de sus niveles: escuelas infantiles, centros de enseñanza primaria, secundaria, universitaria o formación profesional. No obstante, los establecimientos docentes que no tengan la característica propia de este uso (básicamente, el predominio de actividades en aulas de elevada densidad de ocupación) deben asimilarse a otros usos.

Las zonas de un establecimiento de uso Docente destinadas a actividades subsidiarias de la principal, como cafeterías, comedores, salones de actos, administración, residencia, etc., deben cumplir las condiciones relativas a su uso.

— Ventilación natural: extracción de humos basada en la fuerza ascensional de éstos debida a la diferencia de densidades entre masas de aire a diferentes temperaturas.

— Vestíbulo de independencia: recinto de uso exclusivo para circulación situado entre dos recintos o zonas con el fin de aportar una mayor garantía de compartimentación contra incendios y que únicamente puede comunicar con las zonas a independizar o con aseos de planta. Cumplirán las siguientes condiciones:

a) Sus paredes serán EI 120 y sus puertas EI2 C 30.

b) Los vestíbulos de independencia de las escaleras especialmente protegidas no podrán serlo simultáneamente de locales de riesgo especial y estarán ventilados conforme a alguna de las alternativas establecidas para dichas escaleras.

c) Los que sirvan a uno o a varios locales de riesgo especial, o una zona de uso Aparcamiento, no pueden utilizarse en los recorridos de evacuación de zonas diferentes de las citadas.

d) La distancia mínima entre los contornos de las superficies barridas por las puertas del vestíbulo debe ser al menos 0,50 m. En uso Hospitalario, cuando esté prevista la evacuación de zonas de hospitalización o de tratamiento intensivo a través de un vestíbulo de independencia, la distancia entre dos puertas que deben atravesarse consecutivamente en la evacuación será de 3,5 m como mínimo.

e) Las puertas de acceso a vestíbulos de independencia desde zonas de uso Aparcamiento o de riesgo especial, deben abrir hacia el interior del vestíbulo.

— Zona de ocupación nula: zona en la que la presencia de personas sea ocasional o bien a efectos de mantenimiento, tales como salas de máquinas y cuartos de instalaciones, locales para material de limpieza, determinados almacenes y archivos, aseos de planta, trasteros de viviendas, etc.

Los puntos de dichas zonas deben cumplir los límites que se establecen para los recorridos de evacuación hasta las salidas de las mismas (cuando además se trate de zonas de riesgo especial) o de la planta, pero no es preciso tomarlos en consideración a efectos de determinar la altura de evacuación de un edificio o el número de ocupantes.

6. Instalaciones de extinción de incendios

6.1. Extintores

6.1.1. Concepto

El extintor de incendio es un equipo que contiene un agente extintor, que puede proyectarse y dirigirse sobre un fuego, por la acción de una presión interna. Esta presión puede producirse por una compresión previa permanente o mediante la liberación de un gas auxiliar. Consiste en un recipiente metálico (bombona o cilindro de acero) que contiene un agente extintor de incendios a presión, de modo que al abrir una válvula el agente sale por una manguera que se debe dirigir a la base del fuego. Generalmente tienen un dispositivo para prevención de activado accidental, el cual debe ser deshabilitado antes de emplear el artefacto.

6.1.2. Tipos

Según el agente extintor se puede distinguir entre:

— Extintores Hídricos (cargados con agua o con un agente espumógeno, estos últimos hoy en desuso por su baja eficacia).

— Extintores de Polvo Químico Seco (multifunción: combatiendo fuegos de clase ABC).

— Extintores de CO_2 (también conocidos como Nieve Carbónica o Anhídrido Carbónico) Fuegos de clase BC.

— Extintores para Metales: (únicamente válidos para metales combustibles, como sodio, potasio, magnesio, titanio, etc.).

— Extintores de Halón (hidrocarburo halogenado, actualmente prohibidos en todo el mundo por afectar la capa de ozono y tiene permiso de uso hasta el 2010).

En función de la carga, los extintores se clasifican de la siguiente forma:

a) Extintor portátil: Diseñado para que puedan ser llevados y utilizados a mano, teniendo en condiciones de funcionamiento una masa igual o inferior a 20 kg.

b) Extintor móvil: Diseñado para ser transportado y accionado a mano, está montado sobre ruedas y tiene una masa total de más de 20 kg.

Otros dispositivos para la extinción de incendios son:

a) **Rociador de incendios**

Un rociador de incendios (en inglés fire sprinklers) es un dispositivo para la extinción de incendios.

Es un aplicador de agua con un tapón termosensible que está diseñado para destruirse a temperaturas predeterminadas, provocando en forma automática la liberación de un chorro de agua pulverizada, que puede extinguir el fuego justo en la zona donde éste se ha iniciado.

Los rociadores más corrientes son los que poseen un bulbo de vidrio conteniendo un líquido en su interior, el líquido no llena el bulbo y queda un espacio al vacío.

b) **Bocas de incendio equipadas**

La Boca de Incendio Equipada, más conocida por sus siglas (BIE), es un equipo completo de protección y lucha contra incendios, que se instala de forma fija sobre la pared y está conectado a la red de

abastecimiento de agua. Incluye, dentro de un armario, todos los elementos necesarios para su uso: manguera, devanadera, válvula y lanza boquilla.

La BIE es un sistema eficaz e inagotable para la protección contra incendios, que por su eficacia y facilidad de manejo, puede ser utilizado directamente por los usuarios de un edificio en la fase inicial de un fuego o incendio.

c) **Hidrante de incendio**

— Situada en las inmediaciones de los edificios y en la que los bomberos pueden acoplar sus mangueras. Pueden ser aéreas o enterradas; en el primer caso se trata de un poste con sus tomas (normalmente más de una) y en el segundo, se sitúan en una arqueta, con tapa de fundición, bajo el nivel del pavimento de la acera.

— Los sistemas de Hidrantes exteriores estarán compuestos por una fuente de abastecimiento de agua, una red de tuberías para agua de alimentación y los hidrantes exteriores necesarios.

d) **Detectores**

El detector de humo es un aparato de seguridad que detecta la presencia de humo en el aire y emite una señal acústica avisando del peligro de incendio. Atendiendo al método de detección que usan, pueden ser de dos tipos: ópticos o iónicos, aunque algunos usen los dos mecanismos para aumentar su eficacia.

— En cuanto a los ópticos, según detecten el humo por oscurecimiento o por dispersión del aire en un espacio, serán de dos tipos:

  • De rayo infrarrojo, compuestos por un dispositivo emisor y otro receptor. Cuando se oscurece el espacio entre ellos debido al humo solo una fracción de la luz emitida alcanza al receptor provocando que la señal eléctrica producida por éste sea más débil y se active la alarma.

  • De tipo puntual, en los que emisor y receptor se encuentran alojados en la misma cámara pero no se ven al formar sus ejes un ángulo mayor de 90º y estar separados por una pantalla, de manera que el rayo emitido no alcanza el receptor. Cuando entra humo en la cámara el haz de luz emitido se refracta en las partículas de humo y puede alcanzar al receptor, activándose la alarma.

    Es la tecnología más utilizada en la actualidad.

  • Además podemos aludir a los detectores láser: detectan oscurecimiento de una cámara de aglutinación con tecnología láser.

— Los detectores iónicos

  Este tipo de detector es más barato que el óptico y puede detectar partículas que son demasiado pequeñas para influir en la luz. Está compuesto por una pequeña cantidad del isótopo

radioactivo americio-241 que emite radiación alfa. La radiación pasa a través de una cámara abierta al aire en la que se encuentran dos electrodos, permitiendo una pequeña y constante corriente eléctrica. Si entra humo en ese cámara se reduce la ionización del aire y la corriente disminuye o incluso se interrumpe, con lo que se activa la alarma.

7. Nociones básicas de mantenimiento de instalaciones eléctricas

La electricidad es una de las formas de energía más usadas en la actualidad, y su empleo va en aumento debido a la multitud de aplicaciones que podemos encontrar para ella. Las máquinas, equipos, instalaciones y demás medios de producción usados en la actualidad necesitan del suministro de esta energía de un modo primordial. Es tal esta dependencia que, a veces, en función de la actividad desarrollada en determinado edificio, se hace necesario el suministro de energía por dos compañías eléctricas diferentes para prevenir la posibilidad de que una de ellas quede fuera de servicio.

El Real Decreto 842/2002, de 2 de agosto, aprobó el Reglamento Electrotécnico para Baja Tensión establece las condiciones técnicas y garantías que deben reunir las instalaciones eléctricas conectadas a una fuente de suministro en los límites de baja tensión, con la finalidad de:

a) Preservar la seguridad de las personas y los bienes.

b) Asegurar el normal funcionamiento de dichas instalaciones y prevenir las perturbaciones en otras instalaciones y servicios.

c) Contribuir a la fiabilidad técnica y a la eficiencia económica de las instalaciones.

7.1. Producción de energía eléctrica

La electricidad como energía se produce por la excitación y movimiento de los electrones de determinados cuerpos. Los electrones son partículas cargadas eléctricamente que forman parte de los átomos de los cuerpos. Sin embargo, la energía eléctrica tal como la entendemos y usamos comúnmente es el resultado de la transformación de otro tipo de energía, generalmente mecánica o de movimiento, a través de procesos industriales en las centrales eléctricas.

El elemento básico para la producción de energía eléctrica es el llamado generador industrial (también se lo conoce como alternador) que es capaz de transformar la energía mecánica o de movimiento de sus componentes (electroimán y bobinas) en eléctrica. Para conseguir mover el rotor del generador se emplean otras fuerzas de la naturaleza como son:

— La fuerza del salto de agua en una presa.

— El calor producido con la combustión de carbón, derivados del petróleo, etc.

— Las reacciones atómicas forzadas en los átomos de algunos elementos.

— La energía del movimiento de las aguas de los mares.

— La fuerza del viento aprovechada para mover las aspas de grandes molinos.

— La energía solar a través del proceso fotovoltaico mediante paneles solares.

7.2. Unidades de medida

7.2.1. Diferencia de potencial, tensión o voltaje

Es imprescindible para que exista corriente eléctrica. Su unidad de medida es el voltio y su símbolo V. En España y según la actual normativa las tensiones superiores a 1.000 V se consideran alta tensión y las inferiores a esta cifra son bajas tensiones.

7.2.2. Intensidad

Está relacionada directamente con la tensión o diferencia de potencial, y con la resistencia del cable que conduce la corriente. Su unidad de medida es el amperio y su símbolo A.

7.2.3. Resistencia

Es una característica del medio por el que circula la corriente y como su propio nombre indica, se refiere a la dificultad que tiene la electricidad para transmitirse a través de determinados cuerpos. Su unidad de medida es el Ohmio y su símbolo es la letra griega mayúscula omega (Ω).

7.2.4. Potencia

Es la energía que se transporta por cada unidad de tiempo. Está en función de la tensión y de la intensidad que circula. Su unidad de medida es el Vatio y su símbolo W.

La potencia para la que se diseña una instalación eléctrica tiene que ver con el número de aparatos eléctricos que están conectados a ella. Si sobrepasamos la potencia admisible, la instalación se recalienta pudiendo llegar a producir algún accidente. Para prevenir esto, se instalan limitadores de potencia en cada vivienda o para cada abonado individual, que saltan cuando hay más aparatos conectados de los que puede resistir la instalación.

La potencia que consumen los aparatos eléctricos que conectamos a la red, junto con el voltaje de estos, son los dos datos fundamentales que ha de conocer todo usuario.

Si el aparato que conectamos funciona con mayor voltaje del que se le suministra su rendimiento es muy bajo, o incluso deja de funcionar. A la inversa, un aparato de menos voltaje que el de la red (una bombilla de 125 V. conectada a 220 V.) se sobrecarga y llega a quemarse (o a fundirse, como solemos decir en el caso de las bombillas).

7.3. Transporte y distribución de la energía eléctrica

Una vez generada la energía en las centrales eléctricas hay que transportarla hasta los núcleos de población o los puntos donde se consume; para ello se disponen unos tendidos aéreos o enterrados que no son más que unas líneas de cables capaces de conducir la electricidad. Elementos importantes en el transporte y distribución de la electricidad son los conductores y los aislantes.

La corriente eléctrica que llega a nuestras casas y lugares de trabajo es ya de bajo voltaje. Solo si un edificio o conjunto de ellos tiene una demanda de potencia muy alta, la compañía eléctrica obliga a los usuarios a instalar un transformador en un local apropiado situado dentro del propio edificio.

7.4. Instalaciones eléctricas

7.4.1. Concepto de instalación eléctrica

Se entiende por instalación eléctrica todo conjunto de aparatos y de circuitos asociados en previsión de un fin particular: producción, conversión, transformación, transmisión, distribución o utilización de la energía eléctrica.

7.4.2. Regulación

Las instalaciones eléctricas se encuentran reguladas en el Reglamento Electrotécnico de Baja Tensión aprobado por Real Decreto 842/2002, de 2 de agosto y sus prescripciones técnicas complementarias.

7.4.3. Campo de aplicación del REBT

— El Reglamento se aplicará a las instalaciones que distribuyan la energía eléctrica, a las generadoras de electricidad para consumo propio y a las receptoras, en los siguientes límites de tensiones nominales:

a) A las nuevas instalaciones, a sus modificaciones y a sus ampliaciones.

b) A las modificaciones, reparaciones y ampliaciones, sean o no de importancia, de las instalaciones existentes antes de su entrada en vigor, solo en lo que afecta a la parte modificada, reparada o ampliada, y siempre y cuando se tomen las medidas necesarias para garantizar las condiciones de seguridad del conjunto de la instalación.

— El Reglamento se aplicará a las instalaciones que distribuyan la energía eléctrica, a las generadoras de electricidad para consumo propio y a las receptoras, en los siguientes límites de tensiones nominales:

a) Corriente alterna: igual o inferior a 1.000 voltios.

b) Corriente continua: igual o inferior a 1.500 voltios.

— Asimismo, el Reglamento se aplicará:

a) A las nuevas instalaciones, a sus modificaciones y a sus ampliaciones.

b) A las instalaciones existentes antes de su entrada en vigor que sean objeto de modificaciones de importancia, reparaciones de importancia y a sus ampliaciones.

c) A las instalaciones existentes antes de su entrada en vigor, en lo referente al régimen de inspecciones, si bien los criterios técnicos aplicables en dichas inspecciones serán los correspondientes a la reglamentación con la que se aprobaron.

Se entenderá por modificaciones o reparaciones de importancia las que afectan a más del 50 por 100 de la potencia instalada. Igualmente se considerará modificación de importancia la que afecte a líneas completas de procesos productivos con nuevos circuitos y cuadros, aún con reducción de potencia.

— Asimismo, se aplicará a las instalaciones existentes antes de su entrada en vigor, cuando su estado, situación o características impliquen un riesgo grave para las personas o los bienes, o se produzcan perturbaciones importantes en el normal funcionamiento de otras instalaciones, a juicio del órgano competente de la Comunidad Autónoma.

— Se excluyen de la aplicación del Reglamento las instalaciones y equipos de uso exclusivo en minas, material de tracción, automóviles, navíos, aeronaves, sistemas de comunicación, y los usos militares y demás instalaciones y equipos que estuvieran sujetos a reglamentación específica.

— No se aplicarán las prescripciones generales, sino únicamente prescripciones específicas, que serán objeto de las correspondientes ITCs, a las instalaciones o equipos que utilizan "muy baja tensión" (hasta 50 V en corriente alterna y hasta 75 V en corriente continua), por ejemplo las redes informáticas y similares, siempre que su fuente de energía sea autónoma, no se alimenten de redes destinadas a otros suministros, o que tales instalaciones sean absolutamente independientes de las redes de baja tensión con valores por encima de los fijados para tales pequeñas tensiones.

7.4.4. Conceptos básicos de electricidad

— Aislamiento de un cable

Conjunto de materiales aislantes que forman parte de un cable y cuya función específica es soportar la tensión.

— Aislante

Substancia o cuerpo cuya conductividad es nula o, en la práctica, muy débil.

— Cortocircuito fusible

Aparato cuyo cometido es el de interrumpir el circuito en el que está intercalado, por fusión de uno de sus elementos, cuando la intensidad que recorre el elemento sobrepasa, durante un tiempo determinado, un cierto valor.

— Corte omnipolar

Corte de todos los conductores activos. Puede ser:

- Simultáneo, cuando la conexión y desconexión se efectúa al mismo tiempo en el conductor neutro o compensador y en las fases o polares.

- No simultáneo, cuando la conexión del neutro o compensador se establece antes que las de las fases o polares y se desconectan éstas antes que el neutro o compensador.

— Cubierta de un cable

Revestimiento tubular continuo y uniforme de material metálico o no metálico generalmente extruido.

— Doble aislamiento

Aislamiento que comprende, a la vez, un aislamiento principal y un aislamiento suplementario.

— Elementos conductores

Todos aquellos que pueden encontrarse en un edificio, aparato, etc. y que son susceptibles de transferir una tensión, tales como: estructuras metálicas o de hormigón armado utilizadas en la construcción de edificios (p.e. armaduras, paneles, carpintería metálica, etc.) canalizaciones metálicas de agua, gas, calefacción, etc. y los aparatos no eléctricos conectados a ellas, si la unión constituye una conexión eléctrica (p.e. radiadores, cocinas, fregaderos metálicos, etc.), suelos y paredes conductores.

— Fuente de energía

Aparato generador o sistema suministrador de energía eléctrica.

— Fuente de alimentación de energía

Lugar o punto donde una línea, una red, una instalación o un aparato recibe energía eléctrica que tiene que transmitir, repartir o utilizar.

— Instalación eléctrica

Conjunto de aparatos y de circuitos asociados, en previsión de un fin particular: producción, conversión, transformación, transmisión, distribución o utilización de la energía eléctrica.

— Instalación eléctrica de edificios

Conjunto de materiales eléctricos asociados a una aplicación determinada cuyas características están coordinadas.

— Instalación de puesta a tierra

Conjunto de conexiones y dispositivos necesarios para poner a tierra, individual o colectivamente, un aparato o una instalación.

— Instalaciones provisionales

Son aquellas que tienen, en tiempo, una duración limitada a las circunstancias que las motiven y que pueden ser:

- De reparación: las necesarias para paliar un incidente de explotación.

- De trabajos: las realizadas para permitir cambios o transformaciones de las instalaciones, sin interrumpir la explotación.

- Semi-permanentes: las destinadas a modificaciones de duración limitada, en el marco de actividades habituales de los locales en los que se repitan periódicamente (Ferias).

- De obras: son las destinadas a la ejecución de trabajos de construcción de edificios y similares.

— Interruptor automático

Interruptor capaz de establecer, mantener e interrumpir las intensidades de corriente de servicio, o de establecer e interrumpir automáticamente, en condiciones predeterminadas, intensidades de corriente anormalmente elevadas, tales como las corrientes de cortocircuito.

— Interruptor de control de potencia y magnetotérmico

Aparato de conexión que integra todos los dispositivos necesarios para asegurar de forma coordinada:

- Mando.

- Protección contra sobrecargas.

- Protección contra cortocircuitos.

— Interruptor diferencial

Aparato electromecánico o asociación de aparatos destinados a provocar la apertura de los contactos cuando la corriente diferencial alcanza un valor dado.

— Línea general de distribución

Canalización eléctrica que enlaza otra canalización, un cuadro de mando y protección o un dispositivo de protección general con el origen de canalizaciones que alimentan distintos receptores, locales o emplazamientos.

— Masa

Conjunto de las partes metálicas de un aparato que, en condiciones normales, están aisladas de las partes activas.

Las masas comprenden normalmente:

• Las partes metálicas accesibles de los materiales y de los equipos eléctricos, separadas de las partes activas solamente por un aislamiento funcional, las cuales son susceptibles de ser puestas en tensión a consecuencia de un fallo de las disposiciones tomadas para asegurar su aislamiento. Este fallo puede resultar de un defecto del aislamiento funcional, o de las disposiciones de fijación y de protección.

Por tanto, son masas las partes metálicas accesibles de los materiales eléctricos, excepto los de Clase II, las armaduras metálicas de los cables y las condiciones metálicas de agua, gas, etc.

• Los elementos metálicos en conexión eléctrica o en contacto con las superficies exteriores de materiales eléctricos, que estén separadas de las partes activas por aislamientos funcionales, lleven o no estas superficies exteriores algún elemento metálico.

Por tanto son masas: las piezas metálicas que forman parte de las canalizaciones eléctricas, los soportes de aparatos eléctricos con aislamiento funcional, y las piezas colocadas en contacto con la envoltura exterior de estos aparatos.

Por extensión, también puede ser necesario considerar como masas, todo objeto metálico situado en la proximidad de partes activas no aisladas, y que presenta un riesgo apreciable de encontrarse unido eléctricamente con estas partes activas, a consecuencia de un fallo de los medios de fijación (p.e. aflojamiento de una conexión, rotura de un conductor, etc.).

Nota: una parte conductora que solo puede ser puesta bajo tensión en caso de fallo a través de una masa, no puede considerarse como una masa.

— Material eléctrico

Cualquier material utilizado en la producción, transformación, transporte, distribución o utilización de la energía eléctrica, como máquinas, transformadores, aparamenta eléctrica, instrumentos de medida, dispositivos de protección, material para canalizaciones, receptores, etc.

— Receptor

Aparato o máquina eléctrica que utiliza la energía eléctrica para un fin determinado.

— Red de distribución

El conjunto de conductores con todos sus accesorios, sus elementos de sujeción, protección, etc., que une una fuente de energía con las instalaciones interiores o receptoras.

— Tensión nominal (o asignada)

Valor convencional de la tensión con la que se denomina un sistema o instalación y, para los que ha sido previsto su funcionamiento y aislamiento. Para los sistemas trifásicos se considera como tal la tensión compuesta.

— Tensión nominal de una instalación

Tensión por la que se designa una instalación o una parte de la misma.

— Tensión nominal de un aparato

• Tensión prevista de alimentación del aparato y por la que se le designa.

• Gama nominal de tensiones: Intervalo entre los límites de tensión previstas para alimentar el aparato.

En caso de alimentación trifásica, la tensión nominal se refiere a la tensión entre fases.

— Tensión asignada de un cable

Es la tensión máxima del sistema al que el cable puede estar conectado.

— Tierra

Masa conductora de la tierra en la que el potencial eléctrico en cada punto se toma, convencionalmente, igual a cero.

7.4.5. Instalaciones de enlace

Se denominan instalaciones de enlace, aquellas que unen la caja general de protección o cajas generales de protección, incluidas estas, con las instalaciones interiores o receptoras del usuario.

Comenzarán, por tanto, en el final de la acometida y terminarán en los dispositivos generales de mando y protección.

Estas instalaciones se situarán y discurrirán siempre por lugares de uso común y quedarán de propiedad del usuario, que se responsabilizará de su conservación y mantenimiento.

Partes de las instalaciones de enlace:

— Caja General de Protección (CGP).

— Línea General de Alimentación (LGA).

— Derivación Individual (DI).

— Elementos para la Ubicación de Contadores (CC).

— Dispositivos Generales de Mando y Protección (DGMP). Caja para Interruptor de Control de Potencia (ICP).

7.5. Componentes de un cuadro eléctrico

— Cuadro general de distribución: en una instalación eléctrica, panel o conjunto de paneles en los que están montados los interruptores, contadores, cortacircuitos, barras de corriente, etc., que permiten controlar y proteger un circuito eléctrico.

— Cuadro de distribución: panel que se emplea para distribuir la energía eléctrica a otros paneles o receptores, que incluye dispositivos para llevar a cabo el control de los circuitos eléctricos.

7.5.1. Tipos básicos de cuadros eléctricos

— Caja de fusibles generales.

— Cuadro de contadores.

— Cuadro de fuerza.

— Cuadro de alumbrado.

A) Caja de fusibles general

El fusible sirve para interrumpir el paso de corriente por el circuito en que está colocado, cuando la intensidad que circula por él es superior a la prevista, a causa, principalmente, de una sobrecarga o un cortocircuito.

• **Tipos básicos de fusibles**

1. **Fusibles cilíndricos**

Estos tipos de fusibles son elaborados con un tubo cerámico el cual es muy resistente a los choques y a la presión interna. En el interior de este tubo, el cual presenta una forma cilíndrica, se encuentra la lámina que es lo que hace el trabajo de fusible.

Su tubo es muy resistente a la presión interna.

Esta lámina está cubierta por arenilla cristalizada y se une a dos electrodos en cada uno de sus extremos, creando así un tapón.

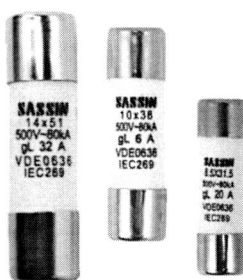

2. **Fusibles de cuchillas**

También se le conoce como fusibles MH. Es el tipo de fusible que se suele utilizar contra los cortocircuitos y las sobrecargas en determinadas instalaciones de distribución.

• **Clases de fusibles de cuchillas**

1. **Fusibles con percutor**

Utilizados como medio de accionamiento de un microrruptor.

2. **Fusibles sin percutor**

Se usa en contra de los cortocircuitos y las sobrecargas.

La desventaja de este tipo de fusible es que su funcionamiento es lento.

3. **Fusibles de pastilla**

Es muy similar al circuito cilíndrico.

Este fusible es muy parecido al fusible cilíndrico en cuanto a su funcionamiento.

4. Fusibles encapsulado de vidrio

Se trata de los fusibles que son construidos con hilo metálico o con una lámina, los cuales son cubiertos con un tubo de vidrio. Este se instala entre la fuente de alimentación y del circuito. Una vez detecta una corriente superior a sus valores admitidos se llega a derretir rompiendo el paso de corriente.

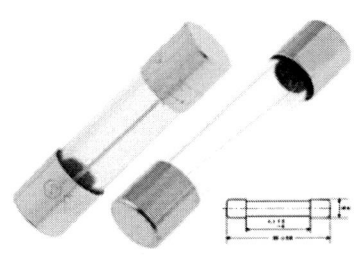

Es un hilo metálico cubierto con un tubo de vidrio.

5. Fusible desnudo

Tipo de fusible que hace uso de hilo metálico o plomo, lo cual al detectar un sobrecalentamiento en el circuito se funde.

Este circuito se funde cuando detecta un sobrecalentamiento.

6. Fusible de tapón enroscable

Se presenta como un tubo de porcelana cilíndrico, aunque también se construye con otros materiales parecidos, que a la vez hace uso de una camisa roscad que se utiliza para introducirse en el circuito.

Este fusible tiene un excelente rendimiento.

Dentro de este tubo cilíndrico es donde se coloca el alambre fusible, el cual está protegido y es fijado a través de una tapa roscada.

7. Fusible de cartucho

Formado por un tubo fabricado de material aislante, el cual utiliza soportes metálicos como medio de cierre y que además es lo que le hace introducir en el circuito a presión.

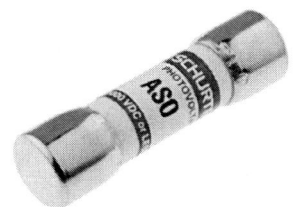

8. Fusible de plomo

Se muestran como un trozo de alambre en base a plomo el cual se intercala en el circuito. Este una vez detecta la intensidad de corriente se funde.

Estos fusibles son los más antiguos y hoy día están en desuso.

Es el fusible más antiguo que se conoce en la actualidad, no son muy seguros y se oxidan y corroen con gran facilidad. Estos pasaron al desuso, ya que además se derraman por todo el circuito cuando se funden y se derriten.

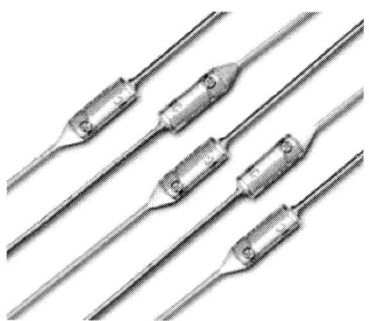

9. Fusible diazed

Fusible construido en base a cartucho o balín, el cual es colocado en la coronilla roscada y a la vez se atornilla fijamente a la base porta fusible.

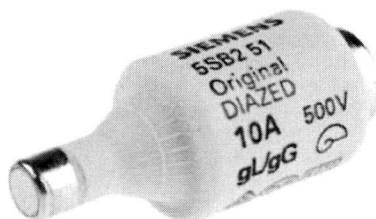

10. Fusible tipo S

Estos fusibles se pueden encontrar en paneles de servicios y son muy utilizados a la hora de ofrecer energía a aparatos pequeños y a luminarias.

B) Cuadro de contadores

Los contadores son dispositivos que miden el consumo eléctrico. En el sector de la electricidad nos podemos encontrar con varios tipos de energía, entre ellas la reactiva. A los consumidores de luz particular les suena más la activa, es decir, aquella que se mide en kWh. En cambio, la reactiva se asocia al gasto de electricidad con electrodomésticos como: lavadoras, neveras, secadores del pelo, etc.

Con esta pequeña introducción vamos a comenzar a analizar este tipo de energía, que para su funcionamiento es necesario una bobina alimentada con una corriente alterna.

Tipos de contadores:

— Contadores activos: normalmente se utilizan en líneas monofásicas.

— Contadores reactivos: se utilizan principalmente en líneas trifásicas.

Al hacer la revisión visual se comprobará que llevan bien el preceptivo precinto de la compañía eléctrica, que en ningún caso podrá ser manipulado si no es por miembros de la citada compañía. También podrá comprobarse que la rueda del contador circula con normalidad.

C) Cuadro de fuerza o de enchufes

Aquel en que va conectado los equipos de aire, fotocopiadoras, etc.

D) Cuadro de alumbrados

Sirven para proteger las líneas de alumbrado, que comprenden los puntos de luz así como interruptores y bases de enchufe.

Elementos:

— Diferenciales: dispositivos que sirven para proteger las líneas de corrientes por defecto o defectos de aislamiento (existen diferenciales para las líneas monofásicas y trifásicas con neutro).

— Magnetotérmicos: dispositivos que protegen la línea de cortocircuitos y de sobrecarga y pueden ser unipolares, bipolares, tripulares y tetrapolares.

— Relojes: dispositivos marcadores que sirven para el encendido o apagado a una determinada hora, las luces, máquinas eléctrica, y/o motores.

— Voltímetros: dispositivos que sirven para medir los voltios.

— Amperímetros: dispositivos que sirven para medir la intensidad de la corriente.

Su revisión principal consiste en comprobar que los diferenciales y magnetotérmicos están en la posición adecuada de accionado o no. Con la posición de accionado queremos decir que se permite el paso de corriente eléctrica por la línea.

Si el cuadro permite la visualización de las líneas de entrada y salida la revisión básica comprenderá también la comprobación de la buena enfundación de los hilos, pues di éstos son visibles puede ser señal de que se han aflojado los tornillos de sujeción, o que podría producir el llamado "efecto cebado", que trae como consecuencia el deterioro del hilo y de la conexión.

ADAMS

Si el cuadro está dotado de un reloj para encendido y apagado de iluminación exterior, la revisión se limitará a comprobar que el reloj marca la hora precisa.

7.5.2. Sistemas de iluminación

Los sistemas de iluminación más usuales en los centros y dependencias administrativos son:

A) Tubos fluorescentes

Son ampollas electrónicas a gas cuyas paredes de vidrio contienen una sustancia fluorescente que, mediante una bobina de reactancia que estabiliza la corriente, emiten luz al excitarse el gas por el paso de la corriente.

Los componentes principales del tubo fluorescente son el propio tubo, la pantalla, el cebador y la reactancia.

a) Anomalías en los tubos fluorescentes

Los extremos del tubo estén ennegrecidos será señal de desgaste, por los que se deberá proceder a su sustitución.

Si el tubo parpadea nos indicará que el cebador o está mal ajustado, por no coincidir sus patillas con los contactos de su soporte, funciona mal, por lo que habría que sustituirlo.

Si el tubo no enciende es recomendable llamar al técnico de mantenimiento pues hay causas que pueden provocar la anomalía(mal funcionamiento del interruptor, deterioro del cebador, deterioro de la reactancia...).

b) Tipos de tubos según la calidad de la luz

— Blanco cálido, especialmente indicado para exteriores.

— Blanco cálido de lujo, especialmente indicado para exteriores.

— Blanco frío, especialmente indicado para industrias.

— Blanco frío de lujo, es como el anterior pero mejor reproducción de color.

— Luz de día, par lugares donde se desea un alto nivel de luz.

— Luz de día de lujo, como el anterior, con mejor reproducción del color.

B) Lámparas incandescentes

Son las llamadas bombillas. Su funcionamiento se basa en la emisión de luz poe el paso de corriente por un filamento, normalmente de tungsteno, dentro de una ampolla de vacío.

Anomalías:

— Se observará que el casquillo está en buenas condiciones, es decir, no tenga grietas ni esté quemado, en cuyo caso habrá que sustituirlo.

— Si la lámpara está fundida (filamento cortado) habrá que sustituirla.

C) Lámparas halógenas

Constituyen el tipo de iluminación directa más utilizado. A diferencia de las lámparas incandescentes las lámparas halógenas funcionan a través de un transformador a baja tensión, de esta forma se consigue una mayor intensidad lumínica de una mayor duración de su existencia.

No deben ser tocadas directamente con los dedos, pues se pueden dejar de marcas que produzcan sombras.

Visualmente solo podrá observar si el filamento está en condiciones óptimas.

D) Lámparas de vapor de mercurio

Son las más utilizadas en almacenes y naves, debido a su bajo consumo y gran luminosidad. Su funcionamiento es similar al del tubo fluorescente.

Una característica de estas lámparas es que su encendido no es inmediato, sino progresivo. Una vez encendidas, si se apagan y se vuelven a activar tardarán un tiempo en encenderse.

Anomalías: una simple revisión visual no será suficiente para detectar una anomalía en este tipo de lámparas, por lo que el POSI se limitará a comprobar el normal funcionamiento de las lámparas.

E) Lámparas de vapor de sodio

Suelen utilizarse para la iluminación de fachadas en algunos edificios.

Anomalías: una revisión visual no es suficiente para determinar anomalías en su funcionamiento.

7.6. Normas de mantenimiento y precauciones básicas de las instalaciones eléctricas para el personal de asistencia interna

El personal de oficios debe cumplir las siguientes funciones referidas a las instalaciones eléctricas:

— Una vez que concluye la jornada deben apagarse todas las iluminaciones y máquinas de manera individual y no mediante el automático general y/o de planta, ya que al conectarlo al día siguiente pueden producirse alguna avería.

— El automático general no debe quitarse, para que así las luces de emergencia no entren en funcionamiento y estén descargadas ante cualquier imprevisto.

— Deberá comprobar si los cuadros eléctricos se encuentran en buen estado de conservación, no abriendo nunca ninguno sin tener la seguridad de que está cortada la tensión eléctrica del mismo.

— Deberá comprobar que las señalizaciones de emergencia funcionen correctamente en todo momento, y su vez notificará si es necesario al encargado correspondiente las incidencias o desperfectos que hubiera detectado.

— Tomará una serie de precauciones durante las revisiones rutinarias como:

a) Desconectar el diferencial al manipular la instalación y la comprobación mensual de su buen funcionamiento.

b) No usar aparatos con cables pelados o enchufes rotos, ni colocarlos cerca de lugares cálidos, así como cerciorarse de que no existan enchufes a menos de un metro de lugares con humedades. Tampoco es conveniente utilizar enchufes ladrones que sobrecarguen las instalaciones eléctricas.

c) Para la utilización de un aparato eléctrico es conveniente comprobar previamente la tensión eléctrica y colocar siempre una toma de tierra a los aparatos que se usen.

7.7. Defectos típicos o averías de instalaciones eléctricas

— **Cortocircuito:** es el defecto producido por el contacto de dos cables que deberían estar aislados. En este caso la intensidad de la corriente es tan alta que se produce un enorme calor fundiéndose los cables. Si el fusible correspondiente funciona bien saltará y cortará evitando que siga pasando por esos conductores.

— **Sobrecarga:** sucede cuando estamos consumiendo más potencia de la que es capaz de soportar el circuito, ya sea por exceso de tensión o de intensidad. En condiciones normales también saltará el fusible correspondiente.

— **Derivación:** se produce cuando hay algún contacto indeseado que no llega a producir un cortocircuito sino que se descarga a través de alguna masa metálica. En este caso saltará el interruptor diferencial.

7.7.1. Instalaciones a mantener

— Caja General de Protección (CGPJ), línea repartidora, contadores, líneas y cuadros.

— Circuitos, mecanismos y puntos de consumo.

— Instalaciones de puesta a tierra y pararrayos.

— Receptores de alumbrado.

— Porteros automáticos, instalaciones de megafonía, interfonía, antenas, timbre, campanas y sirenas.

— Grupos electrógenos, excepto los afectos a instalaciones de protección contra los incendios.

Las instalaciones han de estar recogidas en planos definitivos de montaje que estarán en poder del responsable del edificio. Se incluirá la referencia del domicilio social de la empresa instaladora.

No se podrá modificar la instalación sin la intervención de instalador autorizado o técnico competente según corresponda.

7.8. Normas básicas sobre aparatos calefactores y refrigeradores

El personal de oficios debe controlar, encender y apagar los elementos de climatización.

Generalmente los sistemas de calefacción central y de climatización están compuestos por:

— Centrales de producción.

— Conducciones generales de distribución hasta las plantas del edificio.

— Enseres de calor y de frío, rediadores y fancoils para los de calor y difusiones, rejillas y fancoils para los de frío.

Los elementos que forman parte de los equipos de aire acondicionado son principalmente:

— Toma de aire exterior.

— Toma de aire de retorno.

— Inductores.

— Filtro Climatizador.

— Ventilador.

— Ventiloconvectores (fancoils).

— Batería de enfriamiento.

— Bomba

— Evaporizador.

— Compresor.

— Condensador.

7.8.1. Instalaciones de aire acondicionado

Una instalación de aire acondicionado tiene como finalidades controlar:

— La temperatura.

— La humedad relativa.

— Las impurezas del aire.

— El movimiento del aire.

La temperatura recomendada en invierno oscila en torno a los 25 °C y en invierno oscila entre los 18 °C y los 20 °C.

La diferencia con la temperatura exterior puede variar de 6 °C a 10 °C.

Una humedad baja reseca las mucosas de las vías respiratorias y dificulta la respiración mientras que la alta dificulta la evaporación del sudor.

La renovación y movimiento del aire debe producirse asegurando un caudal del orden de 10 a 50 metros cúbicos/hora, porque el ser humano consume oxígeno del aire y devuelve al ambiente anhídrido carbónico, otros gases diversos, vapor de agua y microorganismos. El polvo, que siempre podemos encontrar en el aire que respiramos, constituye otro punto importante de la calidad del aire.

A) Componentes de una instalación de aire acondicionado

El equipo de acondicionamiento de aire se encarga de producir frío o calor y de impulsar el aire tratado a la vivienda o local.

Generalmente, los sistemas de aire acondicionado funcionan según un ciclo frigorífico similar al de los frigoríficos y congeladores. Al igual que estos electrodomésticos, los equipos de acondicionamiento poseen cuatro componentes principales:

— Evaporador.

— Compresor.

— Condensador.

— Válvula de expansión.

B) Evaporador

Un evaporador es un dispositivo que enfría mediante la evaporación de un fluido.

Se componen generalmente de un tubo, que suele llevar unas aletas al exterior, semejantes al radiador de un coche. Por un extremo se alimenta, a través de una válvula, de un fluido refrigerante contenido en una botella a presión. Por el exterior del tubo circula aire movido por la acción del ventilador.

Al estar más caliente el aire que el refrigerante, pasa calor desde el primero al segundo, por lo que el aire se enfría, cediendo su energía al refrigerante. Este, en lugar de calentarse, hierve, transformándose en calor.

A la salida del evaporador el aire está más frío que a la entrada, y el refrigerante se encuentra vaporizado. El enfriamiento del aire es tan intenso que abandona sobre la superficie del evaporador, una parte del vapor de agua; de ahí que el agua salga además de más frío, menos húmedo que a la entrada.

C) Compresores

El compresor comprime el refrigerante en estado de vapor procedente del evaporador, lo que equivale a reducir su volumen; simultáneamente aumenta la temperatura del valor comprimido, lo que permite la circulación del fluido refrigerante a lo largo de todo el ciclo. Funciona mediante un motor eléctrico. La energía que toma el compresor se la cede al fluido refrigerante, para comprimirlo.

El compresor tiene, por tanto, dos funciones en el ciclo de refrigeración:

— Succiona el vapor refrigerante y reduce la presión en el evaporador a un punto en el que puede ser mantenida la temperatura de evaporación deseada.

— Eleva la presión del vapor refrigerante a un nivel lo suficientemente alto, de modo que la temperatura de saturación sea superior a la temperatura del medio enfriante disponible para la condensación del vapor refrigerante.

Existen tres tipos básicos de compresores:

— Los **comprensores centrífugos** son utilizados ampliamente en grandes sistemas centrales de acondicionamiento de aire y los **compresores rotativos o giratorios** se utilizan en el campo de los refrigeradores domésticos. Sin embargo, la mayoría de compresores utilizados en tamaños de menor caballaje para las aplicaciones comerciales, domésticas e industriales son reciprocantes.

— Los compresores **reciprocantes** están diseñados de modo similar a un motor de automóvil, con un pistón accionado por un cigüeñal que realiza carreras alternas de succión y compresión en un cilindro provisto con válvulas de succión y descarga.

D) Condensador

Tiene un papel inverso al del evaporador; el gas refrigerante procedente del compresor entra en el interior de los tubos que conforman el condensador. Un ventilador toma aire del exterior y este pasa alrededor de los tubos. Al estar el gas (60 °C) más caliente que el aire (35 °C) pasara calor desde el primero al segundo, el aire que sale del condensador se habrá calentado y se expulsará nuevamente a la atmósfera.

Este es el aire caliente que se percibe al situarse, en verano, detrás de un acondicionador de aire. El gas refrigerante al ceder su energía al aire y estar a presión por efecto del compresor se condensa y transforma en líquido, por lo que ya se dispone nuevamente de refrigerante en estado líquido.

E)   Válvula de expansión

Es el dispositivo que conecta los lados de alta y baja presión. Es por tanto, el elemento responsable de que entre en el evaporador la cantidad debida de refrigerante, controlando la cantidad de líquido refrigerante que se tiene que evaporar.

F)   Clases de equipos

Los equipos de aire acondicionado, clasificados en función del medio que enfríe el condensador, esto es, de condensación por aire o de condensación por agua, son:

G)   De ventana

Reciben este nombre por instalarse en el hueco de una ventana o balcón, o en el muro de la habitación, quedando la parte de la condensación de aire en el exterior. Incluyen funciones de refrigeración, ventilación (expulsión de aire viciado al exterior), circulación de aire; y en las versiones con bomba de calor, calefacción, etc... Se coloca, normalmente, uno en cada habitación, pero si el local es grande se pueden colocar varios en una misma estancia. La instalación se realiza en ventana o muro. La sección exterior requiere toma de aire y expulsión a través del hueco practicado.

H)   Portátiles

Son equipos autónomos compactos, condensados por aire, transportables de una habitación a otra. Para su instalación requieren una sencilla abertura en el marco o el cristal de la ventana o balcón.

I)   Split de aire

La denominación "split" significa unidad partida. Se diferencian de los compactos en que la unidad formada por el compresor y el condensador, normalmente va al exterior, mientras que la unidad evaporadora se instala en el interior.

Ambas unidades se conectan mediante las líneas de refrigerante.

Se pueden instalar una o varias unidades interiores con una única unidad exterior (multi-split).

Las unidades interiores presentan diversos modelos: murales, consolas, de suelo, de techo, de techo para conductos, etc. El hueco necesario es muy pequeño, para unir la unidad interior y la exterior mediante los dos tubos de refrigerante, el tubo de condensación de la unidad evaporadora y el cable de conexión eléctrica. El control es individual en la unidad interior.

J) Fan-Coils

Se produce agua caliente-fría en un sistema centralizado que la distribuye a cada uno de los fancoils según la demanda individual de cada uno. Se pueden instalar en pared, piso o techo.

Se utilizan en edificios con muchas habitaciones principalmente edificios de oficinas, hoteles y hospitales.

7.8.2. Mantenimiento

Todas las instalaciones de climatización y aparatos de aíre acondicionado así como los elementos calefactores se incluyen en los Pliegos de Prescripciones Técnicas que aprueba cada Área de Gobierno y cada Junta Municipal de Distrito, en las que se establecen las normas para las contratas de mantenimiento y que serán de obligado conocimiento para el personal de oficios con el fin de conseguir su correcto y eficaz cumplimiento.

7.9. Aparatos y receptores eléctricos

Se llaman receptores eléctricos a los aparatos o máquinas que conectamos a la red eléctrica y que consumen energía eléctrica en su funcionamiento particular.

Son receptores las lámparas, los electrodomésticos, un calentador de agua eléctrico, un ordenador, un radiador eléctrico, un motor, una fotocopiadora, etc.

Dentro de la actividad cotidiana de un edificio administrativo o de oficinas nos encontramos una amplia variedad de estos aparatos o receptores, cada uno de ellos con unas características específicas.

Lo fundamental es prestar atención al cuadro de características técnicas que cada uno de ellos suele llevar adherido en sitio visible o está recogido en su manual de instrucciones, comprobando sobre todo que el voltaje del aparato coincide con el de la red y que no sobrecargamos, enchufando demasiados aparatos, una toma de corriente o enchufe que quizá no pueda soportarlo.

Los radiadores eléctricos suelen ser aparatos de gran potencia (2.000 W. o más) y habrán de conectarse a tomas de corriente apropiadas. No se han de utilizar los llamados *"ladrones"* para conectar simultáneamente receptores de gran potencia a un mismo enchufe porque hay riesgo de sobrecargar esa línea provocando su calentamiento excesivo con riesgo de avería e incluso cortocircuito.

En general los receptores de gran consumo como motores, bombas de calefacción, etc., están protegidos individualmente con su propio interruptor automático o fusible y tienen su propia línea de alimentación.

7.10. Mantenimiento

El mantenimiento y la revisión de las instalaciones eléctricas es misión del personal especializado. Cualquier anomalía detectada de forma rutinaria habrá que comunicársela al responsable técnico encargado. Entre estas anomalías que se ponen de manifiesto a simple vista podemos destacar las siguientes:

— Algún cable está deteriorado o pelado.

— Algún fusible o interruptor automático salta continuamente sin motivo aparente.

— Se ha observado que hay alguna fuente de calor muy próxima al paso de cables eléctricos.

— Alguna base de enchufe presenta un color pardo u oscuro debido a un sobrecalentamiento con un uso normal.

Los dos defectos típicos o averías de cualquier instalación eléctrica capaces de provocar accidentes e incluso incendios si no está bien protegida son:

— Cortocircuito. Es el defecto producido por el contacto de dos cables que deberían estar aislados. En este caso la intensidad de la corriente es tan alta que se produce un enorme calor fundiéndose los cables. Si el fusible correspondiente funciona bien saltará y cortará la corriente evitando que siga pasando por esos conductores.

— Sobrecarga. Sucede cuando estamos consumiendo más potencia de la que es capaz de soportar el circuito, ya sea por exceso de tensión o de intensidad. En condiciones normales también saltará el fusible correspondiente.

— Derivación. Se produce cuando hay algún contacto indeseado que no llega a producir un cortocircuito sino que se descarga a través de alguna masa metálica. En este caso saltará el interruptor diferencial.

Cada instalación ha de estar recogida en planos definitivos de montaje que estarán en poder del propietario o responsable del edificio. Se incluirá la referencia del domicilio social de la empresa instaladora.

No se podrá modificar la instalación sin la intervención de instalador autorizado o técnico competente según corresponda.

8. Uso y funcionamiento de máquinas sencillas de reprografía

Una de las funciones del Personal de Oficio es la de responsabilizarse del manejo y cuidado de los aparatos reprográficos que hubiera en la dependencia.

8.1. Definición de la reprografía

Según la Real Academia de la Lengua Española (RAE), la reprografía es la reproducción de documentos por diversos medios, como la fotografía, el microfilme, etc.

El término reprografía hace alusión al conjunto de técnicas y medios empleados para la reproducción de documentos. Consiste en el traspaso de tinta a un soporte

Existe una gran variedad de medios utilizados a fin de realizar duplicaciones como son la fotografía, el microfilme y la digitalización, entre otros. Cada medio reprográfico materializa la copia en un determinado soporte: papel, celuloide, CD, DVD, etc., y en diferentes formatos (p.e.: el papel puede ser DIN A4, el microfilme de 16 mm).

Sin embargo, hay una corriente cada vez mayor que entiende por medios reprográficos solamente aquellos que usan procedimientos electrostáticos o electrofotográficos que posibilitan la copia múltiple, de papel a papel, directamente legible, del documento escrito.

Ahora vamos a ver las diferentes máquinas que te facilitarán el reproducir o copiar documentos.

8.2. La fotocopiadora

La fotocopiadora es la máquina de reprografía más empleada en las Administraciones Públicas para la obtención de copias en papel.

En este momento está disminuyendo su utilización con la implantación de las nuevas tecnologías en la Administración Pública y la difusión del documento electrónico.

Una fotocopiadora es una máquina que se usa para reproducir un documento, es decir la fotocopiadora sirve para sacar una copia idéntica a un documento.

Pese a la proliferación del documento electrónico, la fotocopiadora es una de las máquinas más utilizadas en la actualidad por su rapidez y facilidad de uso.

La copia que realizamos con la fotocopiadora recibe el nombre de fotocopia.

Actualmente también pueden incorporar las funciones de ampliar o reducir el documento, copiar por las dos caras y clasificar, encuadernar o grapar las copias.

Las fotocopiadoras más modernas tienen además otras funciones, como por ejemplo, la de la impresora, el fax o el escáner, y usan muchos tipos de papel, y copias en color.

La fotocopia recibió inicialmente el nombre de xerografía, palabra que etimológicamente procede de la combinación de dos elementos compositivos del griego: *"xero-"*, que significa *"seco"*, y *"grafía-"*, que significa *"escritura"*; de ahí que la xerografía se entienda como la *"escritura en seco"*.

En sí, la xerografía es un procedimiento electrostático que combina las propiedades físicas de la fotoconductividad y de la atracción eléctrica a fin de concentrar polvo colorante (tóner) en un tambor fotosensible cargado eléctricamente. La imagen con polvo colorante adherido se transfiere a un papel donde queda fijada por medio de la acción del calor o de ciertos vapores.

Su inventor fue Chester Floyd Carlson, ciudadano estadounidense que basándose en las propiedades especiales de los fotoconductores invirtió cuatro años para alcanzar el éxito en la producción de su primera *"copia seca"*.

8.2.1. Clasificación de las fotocopiadoras

Algunas fotocopiadoras se pueden conectar en red, otras son multifuncionales (que también tienen escáner, fax, impresora, etcétera).

Además, las fotocopiadoras se dividen en analógicas y digitales.

Las fotocopiadoras analógicas usan procesos más mecanizados; por ejemplo, si se piden 10 copias de un original, la lámpara de exposición recorre el documento 10 veces (una por cada copia).

En cambio, en las fotocopiadoras digitales, la lámpara recorre una vez el documento y lo guarda en memoria, y reproduce el original tantas veces como se le especifique.

Según su sistema de funcionamiento:

— **Xerográficas (usan papel normal):**

    1º. El documento original es barrido por un rayo de luz intensa que proyecta la imagen sobre un tambor giratorio de superficie fotosensible (éste se carga electrostáticamente en correspondencia con la imagen).

    2º. Sobre el tambor se distribuye un polvo pigmentado (tóner) que se adhiere a las zonas electrizadas (donde hay imagen), reproduciendo el escrito o dibujo original.

3º.   La imagen así pigmentada es transferida del tambor al papel dispuesto en la fotocopiadora, el cual finalmente se calienta para fijar de modo definitivo el pigmento sobre la copia.

— **Electrostáticas (usan un papel sensible especial):**

1º.   La imagen a reproducir se proyecta directamente sobre el papel, cuya superficie queda sensibilizada con cargas eléctricas.

2º.   El papel se somete luego a un baño de tóner y las partículas se fijan en las zonas electrizadas de este dando lugar a la copia definitiva.

Hoy todas las marcas de fotocopiadoras emplean básicamente el mismo proceso xerográfico (utilizan tinta en polvo, funcionan aprovechando la electricidad estática y son capaces de imprimir muchas copias por minuto).

— **Máquinas multifunción:**

Conectadas a un ordenador, hacen a la vez de impresión, fax y escáner. Según su tamaño y capacidad.

• **Personales:** es la gama más simple y de tamaño más pequeño. Suelen hacer copias al mismo tamaño que el original, por lo que no cabe la reducción o ampliación. No van provistas de casete de alimentación, por lo que la colocación de papel se hace de manera manual de uno en uno.

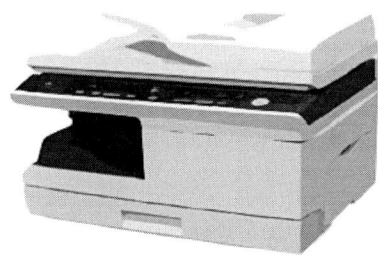

La capacidad de reproducción de estas fotocopiadoras no sobrepasan las 10 copias por minuto, y por ello están dirigidas a un consumo muy pequeño.

Las máquinas personales han dejado de utilizarse de forma generalizada en el Ayuntamiento de Madrid.

• **De oficina**: es la gama más generalizada en el mercado y hay una gran variedad dentro de ella.

Como elementos comunes podemos citar: sistema de ampliación y reducción del original; utilizan, al menos, dos tipos de papel (DIN A-3 y DIN A-4); el tóner está en un depósito que se debe ir reponiendo regularmente; llevan incorporados, opcionalmente, introductores automáticos de originales y clasificadores de copias, y llegan a alcanzar una velocidad de reproducción que oscila entre 12 y 40 copias por minuto.

- **Profesionales o de alta producción:** es la gama más alta, tanto por su capacidad como por las posibilidades de automatización de sus funciones y tamaño.

Poseen todas las cualidades de las de Oficina, a las que se añaden otras específicas como son: copia automática a dos caras de los originales, alzado, grapado de juegos, separación de imágenes, diagnósticos automáticos de calidad y puesta a punto, y sobre todo, una alta capacidad de producción que en algunos tipos llegan a alcanzar las 120 copias por minuto.

Las fotocopiadoras más modernas han adoptado otras funciones, como por ejemplo, la de la impresora, el fax o el escáner, y emplean muchos tipos de papel.

En el Ayuntamiento de Madrid es generalizado el uso de máquinas profesionales.

8.2.2. Modelo de color

La gran revolución llegó con las copias a color: la imagen se analiza tres veces, se expone a través de tres filtros y se reproduce con los colores secundarios (amarillo, magenta y cian) que forman el modelo de color conocido como CMYK.

8.2.3. Las fases del proceso de fotocopiado

Las fotocopiadoras utilizan cargas eléctricas para transferir la imagen de un documento a una hoja de papel:

1. El documento original se coloca en el cristal superior portaoriginales. Posteriormente se cierra la cubierta superior para impedir molestias por la luz de exposición.

2. Se ilumina mediante una lámpara y su imagen es proyectada, a través de un juego de espejos, sobre un rodillo metálico (el tambor) cargado de electricidad.

3. En los puntos de incidencia de la imagen sobre el tambor desaparece la carga eléctrica de las partes blancas y solo permanecen cargadas negativamente las partes oscuras.

4. El polvo del tóner cargado de signo contrario al del tambor se adhiere a la imagen proyectada en el tambor.

5. La imagen del tambor se transfiere a la hoja que tras pasar por el fusor y rodillo de prensado, nos da la fotocopia.

El tamaño de las fotocopias puede variar según los formatos del papel: A4, A3 y otros, incluso formatos especiales para mapas y planos. La fotocopiadora tiene una o varias bandejas de carga de papel que se deben reponer periódicamente.

Las fotocopiadoras como las máquinas multifunción poseen un interruptor de arranque y un cuadro de mandos, actualmente digitales, para darles las órdenes pertinentes.

Los documentos que se quieren duplicar pueden exponerse al proceso de fotocopiado o de escaneado en la placa de cristal directamente de uno en uno, o bien introducirse por la bandeja superior de admisión cuando se trata del escaneo de varios documentos de una vez.

Una vez realizadas las copias, la máquina las deposita en una bandeja de salida. Actualmente, las máquinas empleadas permiten la clasificación de las copias y la impresión simultánea desde varios equipos, sin que se mezclen los trabajos. Estas máquinas poseen una memoria capaz de recibir diversas órdenes y establecer una cola de impresión, que permite ver la evolución de las tareas de copia encomendadas, así como anular desde el ordenador las que están en proceso o pendientes de realizarse.

8.2.4. Elementos básicos de una fotocopiadora

Los elementos básicos de una fotocopiadora (aunque cada fabricante puede incorporar los accesorios que desee para una mayor rentabilidad) son:

— Vidrio de contacto: el documento original se coloca en el cristal superior portaoriginales. Posteriormente se cierra la cubierta superior para impedir molestias por la luz de exposición.

— Bandeja de papel: lugar donde está depositado el papel que se va a utilizar para reproducir el original. Al pulsar la tecla de copiado automáticamente la máquina toma el papel situado en ella.

— Cargador de transferencia del papel: también llamado "corona"; impulsa el papel eléctricamente al pulsar la tecla de copiado para que la máquina pueda recibirlo y efectuar sobre él la reproducción del original.

— Tambor: recibe la imagen del documento original, gracias a la lámpara de exposición, y reproduce la imagen que está en el vidrio de contacto.

— Lámpara de exposición: mediante ella se transmite la imagen original al tambor para su reproducción.

— Tóner: está depositado cerca del tambor y cuando el papel pasa junto a él, que mantiene reflejada la imagen del documento original, al estar cargado eléctricamente, atrae las partículas de tóner que van formando sobre él la reproducción exacta del original.

— Fusor: el rodillo fusor actúa fijando mediante el calor las partículas de tóner que se han depositado sobre el papel, realizando la copia del original y evitando así que caigan o se disgreguen impidiendo la reproducción.

— Finalizador *(finisher)*: situada en la parte exterior, los finalizadores son uno de los complementos más habituales en las copiadoras actuales. Su definición más correcta sería el de dispositivo de salida de la copiadora (o impresora).

También se les conoce como "finisher", vocablo inglés que muy a menudo se emplea para describir a estos dispositivos en numerosos catálogos o manuales.

El tóner: es el elemento que produce la imagen en la copia. Se presenta como un polvillo muy fino que al ser depositado en el papel y posteriormente fundido y prensado da lugar a la copia.

Normalmente, cuando una fotocopiadora detecta que no hay tóner, o que este es insuficiente, bloquea la máquina y esta no puede seguir trabajando hasta que se reponga a fin de prevenir posibles desperfectos. No obstante todavía hay en funcionamiento otras que continúan haciendo copias cuya calidad va disminuyendo en relación directa a la menor cantidad de tóner que haya en la máquina.

En la actualidad el tóner más comercializado es actualmente lo que más se comercializa es en polvo, que puede ser de dos clases:

— **Tóner monocomponente:** normalmente viene en un cartucho que lo contiene y de donde la máquina lo va retirando poco a poco en la cantidad que necesita. Se compone principalmente de óxido de hierro y resina. Se utiliza fundamentalmente para imágenes en negro.

— **Tóner bicomponente:** el cual debe ser mezclado con otro producto llamado develóper que le sirve de base para su difusión por el tambor y que tiene una vida limitada, por lo que ha de ser cambiado regularmente cada cierto número de copias. Sobre el papel solo queda depositado el polvo de tóner pigmentado, mientras que el componente portador *(develóper)* permanece en el equipo para ser utilizado otra vez tras recargarse con nuevo tóner. Este tipo de tóner se utiliza para toda la gama de colores en distintos equipos.

Como consecuencia de la entrada en vigor del Real Decreto 110/2015, de 20 de febrero, sobre residuos de aparatos eléctricos y electrónicos, el pasado 15 de agosto de 2018, han pasado a tener la consideración de aparatos eléctricos y electrónicos solamente en el sentido expresado en esta norma de que ya no se pueden tirar a la basura, resultando obligatorio su reciclaje por el suministrador del tóner. Los cartuchos de tinta y tóner se consideran residuos eléctricos y electrónicos, por lo que al fin de su vida útil deberán someterse a las obligaciones de control y tratamiento establecidos en dicho Real Decreto.

El Real Decreto 110/2015, de 20 de febrero, sobre residuos de aparatos eléctricos y electrónicos, tiene por objeto regular la prevención y reducción de los impactos adversos causados por la generación y la gestión de los residuos de los aparatos eléctricos y electrónicos sobre la salud humana y el medio ambiente, determinar los objetivos de recogida y tratamiento de estos residuos, y los procedimientos para su correcta gestión, trazabilidad y contabilización. Tanto los equipos de informática y telecomunicaciones como los tóneres (entró en vigor el 15 de agosto de 2018) están considerados

residuos de aparatos eléctricos o electrónicos y por tanto, están sujetos al Reglamento. La tinta del tóner contiene policlorobifenilos (PCB), sustancia que es altamente contaminante y requiere un tratamiento especial.

El Real Decreto señala a los fabricantes o importadores como los responsables de iniciar el proceso de recogida selectiva y posterior reciclado. Financiando y organizando una gestión eficiente de los residuos de estos productos.

En este sentido, el Reglamento en sus Anexos establece los Requisitos operacionales comunes a todos los procedimientos de tratamiento de RAEE. En su fase 1 establece con respecto a la extracción de componentes, sustancias y mezclas que como mínimo, en cualquier operación de tratamiento de RAEE, se retirarán los siguientes: cartuchos de tóner, de líquido y pasta, así como tóner de color

8.2.5. Modos de copia

En las condiciones de copiado de la Pantalla Básica, el modo de copia está automáticamente establecido a "1 ➡ 1".

— Copiado 1 ➡ 1: copia automáticamente originales a una cara en copias a una cara.

— Copiado 1 ➡ 2: copia automáticamente originales a una cara en las dos caras del papel de copia.

— Copiado 2 ➡ 2: copia automáticamente originales a dos caras en copias de dos caras.

— Copiado 2 ➡ 1: copia automáticamente originales a dos caras en copias de una cara.

8.2.6. Ampliación/reducción

Zoom: se utiliza para hacer copias relacionadas de reproducción distintas de las prefijadas o de usuario.

En las condiciones de copia de la pantalla básica, la ampliación/reducción se ajusta por omisión a "1,00" (tamaño real).

Hay dos formas de configurar la escala: mediante una escala predefinida o mediante la especificación manual de una escala personalizada.

— Escala predefinida:

50% (A4 k A6, A6 k A8)

71% (A3 k A4, A4 k A5)

141% (A5 k A4, A6 k A5)

200% (A6 k A4, A4 k A2)

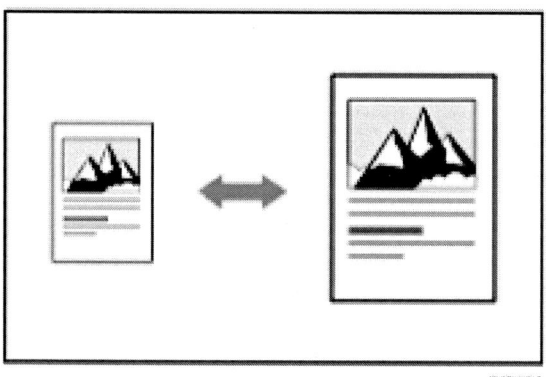

— **Escala personalizada:**

• De 25% a 400% en incrementos de 1%.

8.2.7. Tamaños de papel

La Norma Internacional ISO 216:1975, aprobada como norma europea (norma española UNE-EN ISO 216), especifica los formatos finales de papeles de escritura y de ciertos tipos de impresos.

Es de aplicación a los formatos finales de papel para usos administrativos, comerciales y técnicos, así como ciertos tipos de impresos tales como formularios, catálogos, etc.

No se aplica necesariamente al papel de prensa, a la edición, a los carteles publicitarios o a otros usos particulares que podrían ser objeto de otras normas internacionales.

Los formatos acabados de la serie A se destinan para todas las categorías de artículos de papelería y de impresos. Estos formatos son los siguientes:

DESIGNACIÓN	MEDIDAS (EN MM)
A0	841 X 1189
A1	594 X 841
A2	420 X 594
A3	297 X 420
A4	210 X 297
A5	148 X 210
A6	105 X 148
A7	74 X 105
A8	52 X 74
A9	37 X 52
A10	26 X 37

La letra A indica la serie de formato y el numero indica el número de divisiones que se han hecho a partir del formato básico, al cual se le atribuye el numero O. Por ejemplo, el formato A$ corresponde al formato A0 dividido cuatro veces.

8.3. El escáner

El escáner es una máquina que permite digitalizar imágenes o documentos en papel para archivarlos en el ordenador.

En la Administración Pública es cada vez mayor la utilización de esta máquina, ya que permite la copia de documentos sin necesidad de imprimirlos y tenerlos guardados en el ordenador para archivarlos, distribuirlos o trabajar con ellos. En el Ayuntamiento de Madrid los escáner están incorporados a las máquinas industriales fotocopiadoras por lo que su mantenimiento y funcionamiento es similar al descrito.

Las copias de documentos realizados por el escáner también se pueden imprimir desde el ordenador, siempre que esté conectado a una impresora. En algunas máquinas fotocopiadoras multifunción tienen incorporados la de escáner y de impresora. Todas las máquinas fotocopiadoras industriales del Ayuntamiento de Madrid están conectadas a los correos comunes de la unidad y del personal en particular. Su utilización requiere del uso de la tarjeta corporativa que identifica al usuario que envía el trabajo.

Los puntos por pulgada (ppp o dpi) es una unidad de medida para resoluciones de impresión, concretamente, el número de puntos individuales de tinta que una impresora o tóner puede producir en un espacio lineal de una pulgada

El escáner es un aparato que apenas precisa consumibles. Los escáneres de gran formato, tienen tres consumibles: la lámpara (con una vida útil variable, unos dos años), el cristal (que durará más si lo limpiamos con frecuencia y sin productos abrasivos), y el llamado *white background.*

8.4. La impresora

La impresora es una máquina que se conecta a un ordenador con fin de imprimir los resultados de las operaciones que se realizan con él. En la oficina se utiliza fundamentalmente para plasmar sobre papel los documentos escritos en el ordenador, independientemente de que contengan texto o imágenes.

Las impresoras pueden ser de dos tipos según la tecnología que utilizan: de chorro de tinta o láser e impresoras de inyección.

La impresora profesional láser ha sido desde su implantación en oficinas la opción ganadora cuando queremos hacer un uso elevado de la maquinaria, ya que la tecnología láser optimiza mucho mejor que las de tinta el tóner y, por tanto, requiere de un menor consumo, prorrogando la necesidad de tener que cambiar el cartucho.

— El funcionamiento de una impresora láser es parecido al de una fotocopiadora. El aparato contiene un tóner con tinta, no cartuchos; esta tinta está formada por pigmentos que han sido triturados y convertidos en polvo, un poco aceitoso. El proceso de impresión consiste en que un láser graba en un cilindro fotosensible el contenido que debe copiar mediante una carga electroestática. Este cilindro pasa por el depósito del tóner, los pigmentos se le pegan, y cuando el papel llega y entra en contacto con el cilindro, el polvo le "cae" como si fuera una lluvia de tinta. Un rodillo con calor fija definitivamente la tinta al papel.

— Impresora de inyección: funcionan polvoreando tinta sobre el papel. Tienen un cabezal de impresión con muchas diminutas boquillas que esparcen la tinta sobre el papel. Para ello, utilizan dos cartuchos que contienen el líquido, uno para la tinta negra, y otro para la tinta de color, formada por los colores primarios, cian, magenta y amarillo. Como media, una impresora de inyección de tinta puede imprimir unas 100 copias antes de que sea necesario recargar o cambiar alguno de sus cartuchos. También existen impresoras con mas cartuchos, uno con cada color, llevando la impresora 4 cartuchos, 5 o incluso 6 cartuchos.

Los consumibles que utiliza una impresora son los cartuchos de tinta o tóner y el papel.

Riesgos para la salud: dentro de un funcionamiento normal la radiación láser (o haz luminoso) es inaccesible para el manipulador, ya que se encuentra cerrada y fuera del alcance del usuario, por lo que no presenta riesgo.

Anexos

Guion-resumen

Anexo I. Disposiciones mínimas de carácter general relativas a la señalización de seguridad y salud en el lugar de trabajo

Anexo II. Colores de seguridad

Anexo III. Señales en forma de panel

Anexo IV. Señales luminosas y acústicas

Anexo V. Comunicaciones verbales

Anexo VI. Señales gestuales

Anexo VII. Disposiciones mínimas relativas a diversas señalizaciones

Anexo I. Disposiciones mínimas de carácter general relativas a la señalización de seguridad y salud en el lugar de trabajo

La elección del tipo de señal y del número y emplazamiento de las señales o dispositivos de señalización a utilizar en cada caso se realizará de forma que la señalización resulte lo más eficaz posible, teniendo en cuenta:

a)   Las características de la señal.

b)   Los riesgos, elementos o circunstancias que hayan de señalizarse.

c)   La extensión de la zona a cubrir.

d)   El número de trabajadores afectados.

En cualquier caso, la señalización de los riesgos, elementos o circunstancias indicadas se realizará según lo dispuesto.

La eficacia de la señalización no deberá resultar disminuida por la concurrencia de señales o por otras circunstancias que dificulten su percepción o comprensión.

La señalización de seguridad y salud en el trabajo no deberá utilizarse para transmitir informaciones o mensajes distintos o adicionales a los que constituyen su objetivo propio. Cuando los trabajadores a los que se dirige la señalización tengan la capacidad o la facultad visual o auditiva limitadas, incluidos los casos en que ello sea debido al uso de equipos de protección individual, deberán tomarse las medidas suplementarias o de sustitución necesarias.

La señalización deberá permanecer en tanto persista la situación que la motiva.

Los medios y dispositivos de señalización deberán ser, según los casos, limpiados, mantenidos y verificados regularmente, y reparados o sustituidos cuando sea necesario, de forma que conserven en todo momento sus cualidades intrínsecas y de funcionamiento. Las señalizaciones que necesiten de una fuente de energía dispondrán de alimentación de emergencia que garantice su funcionamiento en caso de interrupción de aquélla, salvo que el riesgo desaparezca con el corte del suministro.

Anexo II. Colores de seguridad

Los colores de seguridad podrán formar parte de una señalización de seguridad o constituirla por sí mismos. En el siguiente cuadro se muestran los colores de seguridad, su significado y otras indicaciones sobre su uso:

COLOR	SIGNIFICADO	INDICACIONES
ROJO	Señal de prohibición.	Comportamientos peligrosos. Peligro-alarma.
AMARILLO O AMARILLO ANARANJADO	Señal de advertencia.	Identificación y localización.
AZUL	Señal de obligación.	Comportamiento o acción específica. Obligación de utilizar un equipo de protección individual.
VERDE	Señal de salvamento o de auxilio. Situación de seguridad	Puertas, salidas, pasajes, material, puestos de salvamento o de socorro, locales. Vuelta a la normalidad

Anexo III. Señales en forma de panel

1. Características intrínsecas

1º. La forma y colores de estas señales se definen, en función del tipo de señal de que se trate.

2º. Los pictogramas serán lo más sencillos posible, evitándose detalles inútiles para su comprensión. Podrán variar ligeramente o ser más detallados que los indicados siempre que su significado sea equivalente y no existan diferencias o adaptaciones que impidan percibir claramente su significado.

3º. Las señales serán de un material que resista lo mejor posible los golpes, las inclemencias del tiempo y las agresiones medioambientales.

4º. Las dimensiones de las señales, así como sus características colorimétricas y fotométricas, garantizarán su buena visibilidad y comprensión.

2. Requisitos de utilización

1º. Las señales se instalarán preferentemente a una altura y en una posición apropiadas en relación al ángulo visual, teniendo en cuenta posibles obstáculos, en la proximidad inmediata del riesgo u objeto que deba señalizarse o, cuando se trate de un riesgo general, en el acceso a la zona de riesgo.

2º. El lugar de emplazamiento de la señal deberá estar bien iluminado, ser accesible y fácilmente visible. Si la iluminación general es insuficiente, se empleará una iluminación adicional o se utilizarán colores fosforescentes o materiales fluorescentes.

3º. A fin de evitar la disminución de la eficacia de la señalización no se utilizarán demasiadas señales próximas entre sí.

4º. Las señales deberán retirarse cuando deje de existir la situación que las justificaba.

3. Tipos de señales

1º. Señales de advertencia.

Forma triangular. Pictograma negro sobre fondo amarillo (el amarillo deberá cubrir como mínimo el 50% de la superficie de la señal), bordes negros.

La señal de "Peligro en general" no se utilizará para advertir a las personas de la existencia de sustancias o mezclas peligrosas, excepto en los casos en que se use para indicar el almacenamiento de sustancias o mezclas peligrosas.

2º. Señales de prohibición.

Forma redonda. Pictograma negro sobre fondo blanco, bordes y banda (transversal descendente de izquierda a derecha atravesando el pictograma a 45 grados respecto a la horizontal) rojos (el rojo deberá cubrir como mínimo el 35% de la superficie de la señal).

3º. Señales de obligación.

Forma redonda. Pictograma blanco sobre fondo azul (el azul deberá cubrir como mínimo el 50% de la superficie de la señal).

4º. Señales relativas a los equipos de lucha contra incendios.

Forma rectangular o cuadrada. Pictograma blanco sobre fondo rojo (el rojo deberá cubrir como mínimo el 50% de la superficie de la señal).

5º. Señales de salvamento o socorro.

Forma rectangular o cuadrada. Pictograma blanco sobre fondo verde (el verde deberá cubrir como mínimo el 50% de la superficie de la señal).

| Manguera para incendios | Escalera de mano | Extintor | Teléfono para la lucha contra incendios |

Dirección que debe seguirse
(señal indicativa adicional a las anteriores)

Anexo IV. Señales luminosas y acústicas

1. Características y requisitos de las señales luminosas

1º. La luz emitida por la señal deberá provocar un contraste luminoso apropiado respecto a su entorno, en función de las condiciones de uso previstas. Su intensidad deberá asegurar su percepción, sin llegar a producir deslumbramientos.

2º. La superficie luminosa que emita una señal podrá ser de color uniforme, o llevar un pictograma sobre un fondo determinado. En el primer caso, el color deberá ajustarse a lo dispuesto; en el segundo caso, el pictograma deberá respetar las reglas aplicables a las señales en forma de panel definidas.

3º. Si un dispositivo puede emitir una señal tanto continua como intermitente, la señal intermitente se utilizará para indicar, con respecto a la señal continua, un mayor grado de peligro o una mayor urgencia de la acción requerida.

4º. No se utilizarán al mismo tiempo dos señales luminosas que puedan dar lugar a confusión, ni una señal luminosa cerca de otra emisión luminosa apenas diferente.

Cuando se utilice una señal luminosa intermitente, la duración y frecuencia de los destellos deberán permitir la correcta identificación del mensaje, evitando que pueda ser percibida como continua o confundida con otras señales luminosas.

5º. Los dispositivos de emisión de señales luminosas para uso en caso de peligro grave deberán ser objeto de revisiones especiales o ir provistos de una bombilla auxiliar.

2. Características y requisitos de uso de las señales acústicas

1º. La señal acústica deberá tener un nivel sonoro superior al nivel de ruido ambiental, de forma que sea claramente audible, sin llegar a

ser excesivamente molesto. No deberá utilizarse una señal acústica cuando el ruido ambiental sea demasiado intenso.

2º.   El tono de la señal acústica o, cuando se trate de señales intermitentes, la duración, intervalo y agrupación de los impulsos, deberá permitir su correcta identificación y clara distinción frente a otras señales acústicas o ruidos ambientales.

No deberán utilizarse dos señales acústicas simultáneamente.

3º.   Si un dispositivo puede emitir señales acústicas con un tono o intensidad variables o intermitentes, o con un tono o intensidad continuos, se utilizarán las primeras para indicar, por contraste con las segundas, un mayor grado de peligro o una mayor urgencia de la acción requerida.

El sonido de una señal de evacuación deberá ser continuo.

3.   Disposiciones comunes

1º.   Una señal luminosa o acústica indicará, al ponerse en marcha, la necesidad de realizar una determinada acción, y se mantendrá mientras persista tal necesidad.

Al finalizar la emisión de una señal luminosa o acústica se adoptarán de inmediato las medidas que permitan volver a utilizarlas en caso de necesidad.

2º.   La eficacia y buen funcionamiento de las señales luminosas y acústicas se comprobará antes de su entrada en servicio, y posteriormente mediante las pruebas periódicas necesarias.

3º.   Las señales luminosas y acústicas intermitentes previstas para su utilización alterna o complementaria deberán emplear idéntico código.

Anexo V. Comunicaciones verbales

1.   Características intrínsecas

1º.   La comunicación verbal se establece entre un locutor o emisor y uno o varios oyentes, en un lenguaje formado por textos cortos, frases, grupos de palabras o palabras aisladas, eventualmente codificados.

2º.   Los mensajes verbales serán tan cortos, simples y claros como sea posible; la aptitud verbal del locutor y las facultades auditivas del o de los oyentes deberán bastar para garantizar una comunicación verbal segura.

3º.   La comunicación verbal será directa (utilización de la voz humana) o indirecta (voz humana o sintética, difundida por un medio apropiado).

2. Reglas particulares de utilización

1º. Las personas afectadas deberán conocer bien el lenguaje utilizado, a fin de poder pronunciar y comprender correctamente el mensaje verbal y adoptar, en función de éste, el comportamiento apropiado en el ámbito de la seguridad y la salud.

2º. Si la comunicación verbal se utiliza en lugar o como complemento de señales gestuales, habrá que utilizar palabras tales como, por ejemplo:

a) Comienzo: para indicar la toma de mando.

b) Alto: para interrumpir o finalizar un movimiento.

c) Fin: para finalizar las operaciones.

d) Izar: para izar una carga.

e) Bajar: para bajar una carga.

f) Avanzar, retroceder, a la derecha, a la izquierda: para indicar el sentido de un movimiento (el sentido de estos movimientos debe, en su caso, coordinarse con los correspondientes códigos gestuales)

g) Peligro: para efectuar una parada de emergencia.

h) Rápido: para acelerar un movimiento por razones de seguridad.

Anexo VI. Señales gestuales

1. Características

Una señal gestual deberá ser precisa, simple, amplia, fácil de realizar y comprender y claramente distinguible de cualquier otra señal gestual.

La utilización de los dos brazos al mismo tiempo se hará de forma simétrica y para una sola señal gestual.

Los gestos utilizados, por lo que respecta a las características indicadas anteriormente, podrán variar o ser más detallados que las representaciones recogidas en el apartado 3, a condición de que su significado y comprensión sean, por lo menos, equivalentes.

2. Reglas particulares de utilización

1º. La persona que emite las señales, denominada «encargado de las señales», dará las instrucciones de maniobra mediante señales gestuales al destinatario de las mismas, denominado «operador».

2º. El encargado de las señales deberá poder seguir visualmente el desarrollo de las maniobras sin estar amenazado por ellas.

ADAMS

3º.   El encargado de las señales deberá dedicarse exclusivamente a dirigir las maniobras y a la seguridad de los trabajadores situados en las proximidades.

4º.   Si no se dan las condiciones previstas en el apartado 2.2.º se recurrirá a uno o varios encargados de las señales suplementarias.

5º.   El operador deberá suspender la maniobra que esté realizando para solicitar nuevas instrucciones cuando no pueda ejecutar las órdenes recibidas con las garantías de seguridad necesarias.

6º.   Accesorios de señalización gestual.

El encargado de las señales deberá ser fácilmente reconocido por el operador.

El encargado de las señales llevará uno o varios elementos de identificación apropiados tales como chaqueta, manguitos, brazal o casco y, cuando sea necesario, raquetas.

Los elementos de identificación indicados serán de colores vivos, a ser posible iguales para todos los elementos, y serán utilizados exclusivamente por el encargado de las señales.

3.   Gestos codificados

a)   Consideración previa.

El conjunto de gestos codificados que se incluye no impide que puedan emplearse otros códigos, en particular en determinados sectores de actividad, aplicables a nivel comunitario e indicadores de idénticas maniobras.

SIGNIFICADO	DESCRIPCIÓN	ILUSTRACIÓN
Comienzo: atención y toma de mando.	Los dos brazos extendidos de forma horizontal, las palmas de las manos hacia delante.	
Alto: interrupción y fin del movimiento.	El brazo derecho extendido hacia arriba, la palma de la mano derecha hacia adelante.	

SIGNIFICADO	DESCRIPCIÓN	ILUSTRACIÓN
Fin de las operaciones.	Las dos manos juntas a la altura del pecho.	

b) Movimientos verticales

SIGNIFICADO	DESCRIPCIÓN	ILUSTRACIÓN
Izar.	Brazo derecho extendido hacia arriba, la palma de la mano derecha hacia adelante, describiendo lentamente un círculo.	
Bajar.	Brazo derecho extendido hacia abajo, palma de la mano derecha hacia el interior, describiendo lentamente un círculo.	
Distancia vertical.	Las manos indican la distancia.	

c) Movimientos horizontales

SIGNIFICADO	DESCRIPCIÓN	ILUSTRACIÓN
Avanzar.	Los dos brazos doblado, las palmas de las manos hacia el interior, los antebrazos se mueven lentamente hacia el cuerpo.	
Retroceder.	Los dos brazos doblados, las pal,as de las manos hacia el exterior, los antebrazos se mueven lentamente, alejándose del cuerpo.	
Hacia la derecha: con respecto al encargado de las señales.	El brazo derecho extendido más o menos en horizontal, la palma de la mano derecha hacia abajo, hace pequeños movimientos lentos indicando la dirección.	
Hacia la izquierda: con respecto al encargado de las señales.	El brazo izquierdo extendido más o menos en horizontal, la palma de la mano izquierda hacia abajo, hace pequeños movimientos lentos indicando la dirección.	

SIGNIFICADO	DESCRIPCIÓN	ILUSTRACIÓN
Distancia horizontal.	Las manos indican la distancia.	

d) Peligro

SIGNIFICADO	DESCRIPCIÓN	ILUSTRACIÓN
Peligro: alto o parada de emergencia.	Los brazos extendidos hacia arriba, las palmas de las manos hacia adelante.	
Rápido.	Los gestos codificados referidos a los movimientos se hacen con rapidez.	
Lento.	Los gestos codificados referidos a los movimientos se hacen muy lentamente.	

Anexo VII. Disposiciones mínimas relativas a diversas señalizaciones

1. Riesgos, prohibiciones y obligaciones

La señalización dirigida a advertir a los trabajadores de la presencia de un riesgo, o a recordarles la existencia de una prohibición u obligación, se realizará mediante señales en forma de panel que se ajusten a lo dispuesto, para cada caso, en el anexo III.

2. Riesgo de caídas, choques y golpes

1º. Para la señalización de desniveles, obstáculos u otros elementos que originen riesgos de caída de personas, choques o golpes podrá optarse, a igualdad de eficacia, por el panel que corresponda según lo dispuesto en el apartado anterior o por un color de seguridad, o bien podrán utilizarse ambos complementariamente.

ADAMS

2º. La delimitación de aquellas zonas de los locales de trabajo a las que el trabajador tenga acceso con ocasión de éste, en las que se presenten riesgos de caída de personas, caída de objetos, choques o golpes, se realizará mediante un color de seguridad.

3º. La señalización por color referida en los dos apartados anteriores se efectuará mediante franjas alternas amarillas y negras. Las franjas deberán tener una inclinación aproximada de 45o y ser de dimensiones similares de acuerdo con el siguiente modelo:

3. Vías de circulación

1º. Cuando sea necesario para la protección de los trabajadores, las vías de circulación de vehículos deberán estar delimitadas con claridad mediante franjas continuas de un color bien visible, preferentemente blanco o amarillo, teniendo en cuenta el color del suelo. La delimitación deberá respetar las necesarias distancias de seguridad entre vehículos y objetos próximos, y entre peatones y vehículos.

2º. Las vías exteriores permanentes que se encuentren en los alrededores inmediatos de zonas edificadas deberán estar delimitadas cuando resulte necesario, salvo que dispongan de barreras o que el propio tipo de pavimento sirva como delimitación.

4. Tuberías, recipientes y áreas de almacenamiento de sustancias y mezclas peligrosas

1º. Los recipientes y tuberías visibles que contengan o puedan contener productos a los que sea de aplicación la normativa sobre comercialización de sustancias o mezclas peligrosas deberán ser etiquetados según lo dispuesto en la misma. Se podrán exceptuar los recipientes utilizados durante corto tiempo y aquellos cuyo contenido cambie a menudo, siempre que se tomen medidas alternativas adecuadas, en particular de información y/o formación, que garanticen un nivel de protección equivalente.

2º. Las etiquetas se pegarán, fijarán o pintarán en sitios visibles de los recipientes o tuberías. En el caso de éstas, las etiquetas se colocarán a lo largo de la tubería en número suficiente, y siempre que existan puntos de especial riesgo, como válvulas o conexiones, en su proximidad. Las características intrínsecas y condiciones de utilización de las etiquetas deberán ajustarse, cuando proceda, a lo dispuesto para los paneles en los apartados 1.3.º y 2 del anexo III.

La información de la etiqueta podrá complementarse con otros datos, tales como el nombre o fórmula de la sustancia o mezcla peligrosa o detalles adicionales sobre el riesgo.

3º. El etiquetado podrá ser sustituido por las señales de advertencia contempladas en el anexo III, con el mismo pictograma o símbolo. Si no existe señal de advertencia equivalente en el anexo III, se deberá utilizar el pictograma de peligro correspondiente, conforme al anexo V del Reglamento (CE) n.º 1272/2008 del Parlamento Europeo y del Consejo, de 16 de diciembre de 2008.

En el caso del transporte de recipientes dentro del lugar de trabajo, podrá sustituirse o complementarse por señales que sean de aplicación en toda la Unión Europea, para el transporte de sustancias o mezclas peligrosas.

4º. Las zonas, locales o recintos utilizados para almacenar cantidades importantes de sustancias o mezclas peligrosas deberán identificarse mediante la señal de advertencia apropiada, de entre las indicadas en el anexo III, o mediante la etiqueta que corresponda, de acuerdo con la normativa mencionada en el apartado 4.1.º, colocadas, según el caso, cerca del lugar de almacenamiento o en la puerta de acceso al mismo. Ello no será necesario cuando las etiquetas de los distintos embalajes y recipientes, habida cuenta de su tamaño, hagan posible dicha identificación.

Si no existe señal de advertencia equivalente en el anexo III para advertir a las personas de la existencia de sustancias o mezclas peligrosas, se deberá utilizar el pictograma de peligro correspondiente, conforme al anexo V del Reglamento (CE) n.º 1272/2008 del Parlamento Europeo y del Consejo.

El almacenamiento de diversas sustancias o mezclas peligrosas puede indicarse mediante la señal de advertencia "peligro en general".

5. Equipos de protección contra incendios

1º. Los equipos de protección contra incendios deberán ser de color rojo o predominantemente rojo, de forma que se puedan identificar fácilmente por su color propio.

2º. El emplazamiento de los equipos de protección contra incendios se señalizará mediante el color rojo o por una señal en forma de panel de las indicadas en el apartado 3.4.º del anexo III. Cuando sea necesario, las vías de acceso a los equipos se mostrarán mediante las señales indicativas adicionales especificadas en dicho anexo.

6. Medios y equipos de salvamento y socorro

La señalización para la localización e identificación de las vías de evacuación y de los equipos de salvamento o socorro se realizará mediante señales en forma de panel de las indicadas en el apartado 3.5.º del anexo III.

7. Situaciones de emergencia

La señalización dirigida a alertar a los trabajadores o a terceros de la aparición de una situación de peligro y de la consiguiente y urgente necesidad de actuar de una forma determinada o de evacuar la zona de peligro, se realizará mediante una señal luminosa, una señal acústica o una comunicación verbal. A igualdad de eficacia podrá optarse por una cualquiera de las tres; también podrá emplearse una combinación de una señal luminosa con una señal acústica o con una comunicación verbal.

8. Maniobras peligrosas

La señalización que tenga por objeto orientar o guiar a los trabajadores durante la realización de maniobras peligrosas que supongan un riesgo para ellos mismos o para terceros se realizará mediante señales gestuales o comunicaciones verbales. A igualdad de eficacia podrá optarse por cualquiera de ellas, o podrán emplearse de forma combinada.